KB164900

앓아누운 한국사

앓아누운 한국사

요통부터 번아웃까지
병치레로 읽는

송은호 지음

"그나저나 조선인들은 고양이 그림을 참 좋아하는군요. 저렇게 집마다 고양이 그림을 붙여놓은 것을 보면 말입니다."

동양의 낯선 나라, 조선에 막 도착한 선교사 올리버 애비슨Oliver Avison은 집마다 붙어 있는 고양이 그림을 연신 바라보았다. 옆에 있던 조선인 담당관이 말했다.

"아, 저것은 콜레라 때문에 붙여놓은 그림입니다."

"콜레라요? 조선에서도 콜레라가 극성인가 보군요."

"네, 조선 사람들은 콜레라를 쥐 귀신 때문에 걸린다고 믿는답니다. 그래서 쥐를 쫓으려고 저렇게 고양이 그림을 붙인다는군요."

"허허……."

콜레라는 오염된 음식이나 물, 환자의 구토물과 분변으

로 옮는 세균성 감염병이다. 그런데 과거 조선인들은 '쥐 귀신' 때문에 콜레라에 걸린다고 믿어서 굿이나 부적 같은 미신으로 병마를 피하려 했다. 20세기 초에 이르러서야 조선 최초의 서양식 병원이자 오늘날 세브란스 병원의 모태가 된 '제중원'을 중심으로 체계적인 방역 정책과 위생 교육이 이루어질 수 있었다.

그전까지 한반도에서는 콜레라가 유행할 때마다 수많은 사상자가 생겨났다. 서울 지역에서만 두 달 동안 하루에 100명꼴로 사망자가 나오던 시기도 있었다. 이처럼 과거에는 지금은 쉽게 예방하고 치료할 수 있는 병으로 허망하게 목숨을 잃은 사람이 무척 많았다.

'과거 인물이 지금의 의료기술과 의약품을 처방받을 수 있었다면 역사가 바뀌었을까?'

《앓아누운 한국사》는 이 단순한 질문에서 시작되었다. 지금이야 작은 생채기 정도는 상처 연고만 쓱 바르면 낫는 시대지만, 상처 소독이 불가능했던 과거에는 장미 가시에 찔린 상처로도 패혈증에 걸려 목숨을 잃었다. 그래서 질병은 한 나라의 제왕도, 장수와 군인도, 평민과 천민도 가리지 않고 많은 사람을 괴롭혔다. 감염병으로 전쟁의 승패가 바뀌기도 했으며, 어진 임금이 병사하는 바람에 한 나라의 태평성대가 끝나기도 했다. 물론 그 와중에도 운 좋게 질병을 극복하고 더 위대한 존재로 발돋움하는 인물도 있었다.

　나는 이 책에서 우리 조상들이 시달린 각종 '병치레'에 주목했다. 그리고 그분들께 현대의 약을 처방해보면서, 당시에 좋은 약이 있었다면 역사가 바뀌지 않았을까 하는 상상도 더했다. 설사 때문에 전쟁터에서 배를 부여잡은 이순신 장군에게 지사제를, 천연두가 두려워 궁궐에서 강력한 거리 두기 정책을 펼친 숙종에게 백신을! 세종의 맏아들로 왕실 최고의 '엄친아'였지만 종기에 발목 잡힌 문종에게 소독약을! 책 속 인물들이 오늘날의 약을 처방받을 수 있었다면 어쩌면 역사가 바뀌었을지 모를 일이다. 물론 그들의 약은 당시에는 최선의 처방이었다. 이 책에서는 우황청심환, 갈근탕 등 지금도 약국에서 구매할 수 있는 한약부터 거머리, 두더지즙, 똥과 달걀을 섞은 약까지 조선 백성들이 애용한 기상천외한 치료법도 소개했다. 더불어 지금은 어떤 약이 개발되어 있는지, 요즘 의료 현장에서 어떤 약을 사용하는지 간단히 짚어보았다. 과거의 치료법과 오늘날 의술의 간극이 얼마나 큰지 비교해보는 것도 책을 읽는 하나의 재미가 될 것이다.

　조선 시대에는 지금만큼 체계적인 의학이 없었기에 질병에 걸리면 더 많이 고생할 수밖에 없었다. 그런데 조상들의 각종 '짠내 나는' 고충을 살펴보다 보면 어쩐지 오늘날 우리와 닮은 모습도 발견하게 된다. 밤낮없이 일하다가 허리도 못 펼 정도로 요통이 도진 세종, 뇌줄중으로 뒷목을 잡은 태조 이성계,

우울증으로 걸핏하면 멘탈이 가출하곤 했던 연암 박지원……. 이들이 싸운 병은 그로부터 수백 년이 지난 시대에 사는 우리도 많이 시달리는, 아니 어쩌면 더 많이 걸리는 질환이다. 조선의 마지막 왕 순종이 스트레스와 근심 때문에 앓은 과민성 대장증후군도 그렇다. 각자도생 사회를 살아가는 현대인의 대표적인 고질병이다.

조선 시대와 지금은 말할 것도 없이 다르다. 의료 수준도 사회 규범도. 그러나 '짠한' 인생길은 지금도 변하지 않은 셈이다. '인생은 존버'라는 말은 어쩌면 수백 년 동안 유효하다. 압박과 고통을 어떤 방식으로든 버티고 통과한 조상님들의 '웃픈' 삶을 따라가보자. 한국사가 더욱 생생하고 입체적으로 다가올 것이다.

시간이 많이 흘렀지만 병치레의 역사는 아직 끝나지 않았다. 한 사람의 몸에서 생기는 질병은 사회라는 넓은 세계까지 관통한다. 그간 우리나라는 메르스 바이러스·사스 바이러스·조류 인플루엔자 등 여러 감염병을 극복해왔다. 최근에는 '포스트 코로나'라는 신조어가 생길 만큼 우리는 코로나19라는 작디작은 바이러스 때문에 경제적으로나, 사회적으로나 완전히 다른 세상에 살게 되었다. 그러나 우리는 예로부터 그러했듯 어떤 일이든 맞서고 통과하며, 앞으로도 새로운 길을 찾아내고 변화해 나갈 것이다.

차례

1부: 지금은 존버 중

2부: 갓생 살려다 번아웃

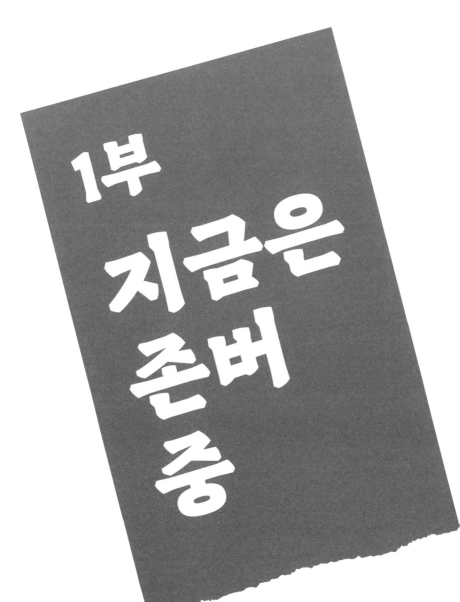

1부

지금은
존버
중

커피가 부른 과민성 대장증후군

순종

약사의 맞춤 처방전

성명	이척
출생	1874년 3월 25일
사망	1926년 4월 26일
주소	한성부 창덕궁 관물헌
직업	조선 27대 왕
증상	밥만 먹으면 체함 잦은 설사로 늘 진이 다 빠져 있음 깜짝깜짝 잘 놀람
진단	과민성 대장증후군
처방 의약품	위장관 운동조절제 지사제 신경안정제
특이사항	초년운 매우 나쁨 사람 만나기를 싫어함 매사에 무기력함 성불구자라는 루머의 주인공

"이번에 새로 들여온 가비차를 한 잔 내주시게."

"예, 전하."

고종은 서양식 만찬을 즐기기 전에 항상 커피를 마셨다. 19세기 말 조선에 처음 소개된 커피는 고종의 입맛을 사로잡았다. 당시 조선에서는 영어 발음을 본떠 커피를 가비차라고 불렀다. 궁녀가 작고 아담한 흰 유리컵을 내왔다. 이어서 따뜻하게 데운 커피를 따랐다. 갈색과 검은색이 어우러진 차 위로 따뜻한 김이 올라오자 식당 안은 곧 그윽한 커피 향으로 가득 찼다. 고종과 함께 자리한 아들 순종에게도 커피가 내려졌다. 고종은 잔을 들어 코끝에 댄 후 따뜻한 커피의 향을 한가득 음미했다. 그런데 왜일까? 오늘의 커피는 예전의 향과는 다르게 느껴졌다. 이상함을 느낀 고종은 커피 한 모금을 가볍게 맛보았다. 그리고 인상을 쓰며 잔을 내려놓았다.

"가비차 맛은 상시로 변하는 것이냐? 오늘 가비차는 맛이 영 좋지 않구나. 너는 어떠하느냐?"

고종은 옆에 있던 순종에게 물었다. 순종은 머쓱해하며 대답했다.

"제가 아바마마만큼 가비차를 즐기지 않아서 그 미묘한 차이를 잘 모르겠사옵니다."

커피 맛이 마음에 들지 않은 고종은 결국 잔을 내려놓았다. 그러나 옆에 있던 순종은 아무 의심 없이 귀한 커피를 벌컥벌컥 들이마셨다. 이어서 음식이 나오자 두 부자는 만찬을 즐기기 시작했다. 상 한가득 차린 산해진미가 씁쓸한 커피 맛에 대한 기억을 지워갈 무렵, 갑자기 황태자 순종이 숨을 헐떡였다. 이상함을 느낀 고종이 물었다.

"왜 그러느냐? 안색이 안 좋구나."

순종은 가슴을 부여잡은 채 허공으로 팔을 이리저리 휘저었고, 이윽고 바닥으로 쓰러져 구토했다. 고종은 아들을 부축하기 위해 일어서려 했으나 그러지 못했다. 그 역시 힘없이 바닥에 쓰러져 음식을 게워냈다. 만찬 자리는 한순간에 아수라장이 되었다. 밖에 있던 내시와 나인들이 달려와 황제와 황태자를 부축했다. 급하게 의원들이 달려와 응급처치를 했다.

다행히도 고종과 순종 두 사람의 목숨에는 지장이 없었다. 내관들은 누군가 황제와 황태자를 독살하려 했다고 생각하고 진상된 음식을 조사했다. 신하 김한종이 음식을 맛보다가 인사불성이 되어 업혀나가고 하인 네 명 역시 뒤이어 기절했다. 그들이 맛본 것은 바로 커피였다.

"누군가 커피에 독을 탔다. 범인을 찾아내라!"

내관과 궁녀들을 추궁한 끝에 찾아낸 범인은 바로 러시아 역관 김홍륙이었다. 천민 출신인 김홍륙은 고종의 신임을 받으며 궁궐에 입성한 자수성가형 인물이었다. 그런데 권력에 대한 욕심과 오만함으로 타락해 온갖 비리를 저질렀다. 참다 못한 고종은 그에게 유배령을 내렸다. 김홍륙은 이에 불만을 품고 공범들과 함께 고종이 평소 마시던 커피에 아편을 가득 섞은 것이다.

아편은 강력한 마약성 진통제다. 통증을 누그러뜨리는 효과가 강해서 아주 오래전부터 진통제로 사용되었다. 오늘날에도 아편과 화학구조가 비슷한 약인 아편계 진통제를 중증 통증을 앓는 환자에게 쓴다. 하지만 아편을 한꺼번에 많이 복용하면 부작용이 생긴다. 메스꺼움을 느끼고 구토하다가 정신이 혼미해지기도 한다. 심하면 호흡곤란과 사망으로까지 이어진다.

평소 커피를 즐겼던 고종은 다행히 커피에서 이상한 향을 느끼고 조금만 마셔 큰 화를 면했다. 하지만 커피를 많이

덕수궁 내에 자리한 정관헌. 서양식으로
지어져 여느 조선의 궁궐과 다른 독특한
외양을 지녔다. 고종은 이곳에서 커피를
즐겨 마셨다.

마신 순종은 안타깝게도 그렇지 못했다. 아편 때문에 가뜩이나 약했던 몸이 더욱 크게 상했다. 이가 모두 빠져버려서 무 한 조각도 삶아서 먹어야 했다. 그리고 남은 평생 틀니를 끼고 살 수밖에 없었는데, 조악한 틀니를 끼고 있으니 점점 하관이 두꺼워지는 변화까지 겪었다. 아편은 위장에도 악영향을 끼쳐 그는 자주 혈변을 보거나 배가 아팠다. 그리고 밥만 먹었다 하면 설사를 반복했다.

이는 그의 일상에도 영향을 끼쳤다. 배가 아파 젊은 나이에도 활동적이지 못했다. 오랫동안 틀니를 끼고 끙끙 앓다 보니 외모마저 일그러져 점차 소심해지고 매사에 무기력해졌다. 그가 자식을 낳지 않자 사람들 사이에서는 '황태자가 아편이 든 커피를 마시고 성불구자가 되었다'는 소문이 파다했다. 이제는 놀림을 받는 것이 익숙한 듯 황태자는 아무 말도 하지 않았다. 그는 망국의 황제였다. 바야흐로 500년의 역사를 이어오던 조선 왕조는 서서히 저물어가고 있었다.

현대인이 더 많이 겪는 증상

순종을 진찰한 의원 이학호의 기록에 따르면 그는 깜짝깜짝 잘 놀랐고 신경을 많이 써서 배가 아프고 체할 때가 많았다고 한다. 늘 배가 부르고 더부룩했으며 변비가 심했다고도

한다. 순종을 괴롭히던 이 증상은 바로 '과민성 대장증후군'
이다. 과민성 대장증후군은 몸에서 이상이 발견되지 않아도
스트레스 같은 여러 요인 때문에 위장계에 기능장애가 발생
하는 만성질환을 말한다. 그 증상은 다양한데, 가장 흔한 증
상으로는 복통·복부 팽만감·설사·변비 등이 있다. 대변을
보기 위해 하루에 세 번 이상 화장실을 가거나 반대로 일주
일에 화장실을 한 번도 못 가는 증상이 지속된다면 과민성
대장증후군을 의심해볼 수 있다.

　　과민성 대장증후군은 현대인이 많이 겪는 질병이기도
하다. 2020년 건강보호심사평가원의 통계에 따르면 과민성
대장증후군으로 진료를 받은 환자가 우리나라에만 143만
명이나 된다. 게다가 우리나라 전체 인구의 7~15%가 과민
성 대장증후군을 경험했다고 한다. 과민성 대장증후군을 앓
는 연령대는 다양하지만 특히 이 질환으로 고생하는 연령층
은 수험생이 아닐까 한다. 입시 스트레스과 운동 부족, 만성
적인 수면 부족, 잦은 패스트푸드 섭취는 과민성 대장증후
군의 주요 원인이다. 이상하게도 시험이나 면접을 앞두고
배가 아파 집중하지 못하거나 일을 그르친 경험을 독자 여
러분도 가지고 있을 것이다. 실제로 과민성 대장증후군을
겪는 학생 수는 대학수학능력시험이 다가오는 8월에 급증
하고 9~11월 달에 가장 많아진다. 수능이 초래하는 정신적
압박이 위장을 자극하기 때문이다.

안타깝게도 이 질병의 구체적인 원인은 아직까지 명확하지 않다. 그래서 치료제도 없거니와 근본적인 치료가 힘들다. 애초에 혈액 검사나 대변 검사, 내시경 검사에서 이상이 발견되지 않아도 환자가 속이 불편한 증상을 호소한다. 그렇기에 의학적으로 정확한 원인을 밝혀내는 것이 쉽지 않다. 위장에 자주 탈이 나는 것은 유전적으로 위장이 약하기 때문일 수도 있고, 불안하고 예민한 심리 상태의 영향을 받아서일 수도 있다. 현대에 들어서 과민성 대장증후군의 가장 큰 요인으로 지목되는 것은 다름 아닌 '스트레스'다.

대장은 음식물을 소화하고 내보내기 위해 끊임없이 근육을 움직인다. 대장의 길이는 총 1.5미터에 달하고 한 번 움직일 때 음식물을 20센티미터나 옮긴다. 또한 위와 소장에서 넘어온 음식 찌꺼기를 섞고 으깨기 위해 상당히 복잡한 운동을 반복하는데 이 과정은 마치 춤을 추는 것과 같다. 그렇게 대장이 복잡한 스텝을 밟으며 춤을 출 때 스트레스는 대장의 스텝을 방해한다. 손발의 순서를 틀리게 하거나 움직임을 너무 빠르게 또는 느리게 만들어 춤을 엉망으로 만든다. 이는 대장 안의 대변이 제대로 나오지 않거나 배탈이 나는 원인이 된다.

스스로를 끝없이 몰아붙여야만 하는 살벌한 입시와 취업 준비, 험난한 사회생활. 늘 다른 사람과의 경쟁에서 살아남아야 하는 현대인은 스트레스에 끊임없이 노출되어 있다.

과민성 대장증후군을 치료하기 위해 가장 먼저 해야 할 일이 무엇일까? 바로 스트레스를 주는 환경을 개선하는 것이다. 하지만 시대와 환경이 주는 압박과 고통을 손바닥 뒤집듯이 쉽게 없앨 수 없다. 누군들 스트레스를 받으며 무리한 삶을 살고 싶겠는가? 어쩔 수 없는 풍파 속에 사는 우리의 삶은 어쩌면 조선의 순종과 너무나 닮았다.

갖은 모욕과 스트레스로 앓은 속병

순종은 1874년 고종과 명성황후 사이에서 둘째 아들로 태어났다. 다른 형제들은 어린 나이에 요절했기에 아버지 고종은 정실 부인에게서 태어난 순종을 곧바로 세자에 책봉했다. 11세라는 어린 나이에 세자가 된 순종이었지만 그의 앞길은 화려한 꽃밭이 아닌 가시밭길에 가까웠다. 당시 조선은 일본과 친일파들의 만행으로 바람 앞의 등불처럼 위태로운 상태였다. 1905년, 일제는 반강제적으로 조선의 외교권과 통치권을 박탈하는 을사조약을 체결했다. 고종은 을사조약의 부당함을 국제사회에 알리고자 1907년 네덜란드에서 열린 2차 만국평화회의에 이상설, 이준, 이위종으로 구성한 일명 '헤이그 특사'를 파견했다. 하지만 특사 파견은 일본의 방해로 실패로 돌아갔다.

1대 조선통감에 오른 이토 히로부미는 고종을 압박해 강제로 왕위에서 물러나게 한 후 그 자리에 허수아비 왕으로 순종을 앉혔다. 순종은 어릴 적 어머니 명성황후가 일본에 무참히 살해당한 을미사변을 기억하고 있었다. 어머니를 살해하고 이번에는 나라마저 집어삼키려 하는 일제의 무시무시함이 참담하면서도 두려웠다. 왕위에 올랐을 때 그에게는 아무런 힘도 없는 상태였다. 일본은 눈엣가시인 고종이 물러나자 조선의 입법권과 인사권, 경찰권을 차례차례 빼앗고 이내 군대마저 해산시키기에 이르렀다.

조선이 이토록 빠르게 무너질 수 있었던 데는 친일파 이완용과 송병준의 역할이 컸다. 그들은 일제를 등에 업고 순종에게 조선을 일본의 속국으로 편입시키는 한일병합조약에 서명할 것을 요구했다. 아무 힘이 없는 허수아비 왕이었지만 순종은 끝끝내 이 조약의 서명을 거부했다. 그가 할 수 있는 최후의 반항이었다. 하지만 총리대신 자리에 앉은 이완용이 조약에 서명하면서 1910년 8월 29일 대한제국은 일본의 식민지로 전락하고 말았다.

순종은 왕으로서 모든 권한을 잃었다. 일제는 순종에게 '이씨 조선의 왕'을 뜻하는 '이왕'이라는 칭호를 주었고 왕이 아닌 일본 귀족 계급으로 강등시켰다. 망국의 허수아비 왕으로 지내는 순종의 마음은 새까맣게 타들어갔다. 남은 세월은 그저 조선이란 나라를 명맥상 유지하는 것뿐이었다.

1884년 촬영한 11세 무렵의 어린 순종.
순종은 아편이 든 커피를 마신 이후부터
몸이 심하게 약해져 평생 과민성
대장증후군에 시달렸다.

죽지 못해 사는 치욕의 나날이 이어졌다. 일제는 창경궁을 헐고 그 자리에 동물원과 식물원을 세웠으며, 일본 관리들의 여흥을 위해 그 주변에는 벚나무를 가득 심었다. 매일 밤 궁궐의 마당은 벚꽃놀이를 즐기는 일본인으로 소란스러웠다. 하지만 궁의 주인은 아무것도 할 수 없었다. 갖은 모욕과 스트레스, 압박과 무기력으로 가득한 삶 때문이었을까? 순종이 어릴 적부터 앓았던 체설은 날이 갈수록 심해졌다. 체설이란 말 그대로 체하고 설사하는 증상을 가리킨다. 순종은 항상 배가 아프니 사람을 만나기는커녕 걷는 것조차 버거워했다. 복통 때문에 진이 빠져서 그는 더더욱 무기력해 보였다.

배가 아플 때 먹는 이중탕

당시 기록에 따르면 배가 자주 아팠던 순종은 이중탕理中湯이라는 한약을 꾸준히 복용했다고 한다. 이중탕은 몸의 가운데, 즉 소화기를 다스리는 탕으로 조선 시대 때 설사나 복통을 앓는 환자에게 자주 쓰던 약이다. 과거 의원들은 몸이 너무 차갑거나 뜨거울 경우 인체가 균형을 잃어 병이 생긴다고 보았다. 그래서 이를 치료하려면 뜨거운 성질과 차가운 성질의 약재를 구분해서 사용해야 한다고 생각했다.

설사와 복통은 소화기관이 차가운 사람이 자주 겪는다. 물이나 맥주, 아이스크림처럼 차가운 음식을 급하게 먹으면 배탈이 나는 것도 이 때문이다. 조선 시대 때는 이처럼 위장이 차가워져서 배앓이를 하는 환자가 이중탕을 복용했다. 이중탕은 백출·인삼·건강·감초라는 네 가지 약재로 만든다. 인삼과 건강은 위장을 따뜻하게 데워주고 백출은 위장을 건강하게 하며 감초는 이 약재들이 조화롭게 작용하도록 도와준다. 그럼에도 순종은 오랜 시간 위장질환에 시달렸다. 감옥에 갇힌 듯한 답답한 환경 속에서 이중탕으로는 순종의 병을 낫게 할 수 없었다.

그렇다면 오늘날 과민성 대장증후군은 어떻게 치료할까? 앞서 밝혔듯 이 질병을 완치할 수 있는 치료제는 아직 개발되지 않았다. 다만 증상을 완화할 목적으로 여러 가지 약을 처방할 수 있다. 요즘에도 과민성 대장증후군 증상을 호소하며 약국을 찾는 환자가 많다. 약사는 각 증상에 맞춰서 여러 가지 약을 조합해 권한다. 가령 변비가 심한 환자에게는 위장에 자극이 적은 변비약을, 설사가 심한 사람에게는 지사제를 먼저 권한다. 복통이 심하다면 위경련을 완화해줄 진경제를 권하고 자주 체하는 사람에게는 위장관 운동조절제를 처방한다. 간혹 스트레스나 신경학적 요인 때문에 증상이 심하다면 병원에서 신경안정제까지 처방이 나오기도 한다. 물론 근본적인 치료는 힘들지만 이런 약들을 먹으면 일상생활에 큰 도움이 된다.

약만으로 병을 다 낫게 할 수 없으므로 생활 습관과 식습관 개선도 필요하다. 규칙으로 운동하기, 밤늦게 먹지 않기, 술과 커피 덜 마시기, 마음 다스리기 등이다. 너무나 당연하지만 잘 지키기는 쉽지 않다. 그러나 어쩌면 약보다도 증상 개선에 중요한 습관들임을 명심해야 한다.

순한 왕의 쓴맛 인생

나라가 망하고 더 이상 왕이 아니게 된 순종은 창덕궁에서 그저 조용하게 지내는 날이 많아졌다. 그의 유일한 낙은 이복동생인 영친왕의 비 이방자가 가져다준 라디오를 듣는 일이었다. 특별한 일이 아니면 사람을 만나지도 않았고 궁 밖으로 나가는 일도 거의 없었다. 그렇게 창덕궁에서 16년이란 세월이 흘렀다. 참으로 고독하고 외로운 시간이 흐른 1926년, 순종은 52세라는 이른 나이에 몸져누웠다. 서양인 의사가 와서 순종을 진찰했지만, 그의 건강에는 차도가 없었다. 몸은 살아 있었지만 생에 대한 의지는 이미 꺼진 것 같았다. 죽을 때가 되자 순종은 부인 순정효황후 윤씨를 그의 곁에 머물게 했다. 어느 날 순종이 낮은 목소리로 황후를 가까이 불렀다.

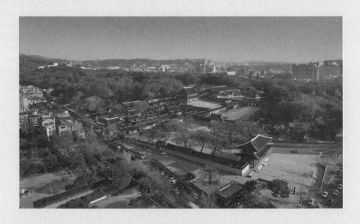

순종이 말년까지 머문 창덕궁 전경. 순종은
52세라는 이른 나이에 몸져누웠다.

"몸이 더 붓는 것 같구나, 아버지 무덤이 보이는 쪽으로 머리를 돌려다오."

황후가 순종의 머리를 고종이 묻혀 있는 방향으로 돌려주었다. 소소하게나마 즐겁고 행복했던 어린 시절을 추억하던 순종은 점점 의식을 잃더니 혼수상태에 빠졌다. 이를 눈치챈 황후가 밖에 있던 신하들에게 말했다.

"어서! 의원을 불러라!"

급하게 일본인 의사가 달려와서 순종에게 주사를 놓았다. 순종의 정신이 잠시나마 돌아왔다.

"시원해, 시원해, 시원해."

이 세 마디를 남기고 순종은 의식을 잃었다가 숨을 거두었다. 사인은 심장마비였다. 순종이 말한 "시원해"는 어떤 의미였을까? 억압받던 삶으로부터, 망국의 왕이라는 무겁고 외로운 자리에서 해방되어 홀가분하다는 뜻은 아니었을까?

순종純宗이라는 묘호에는 '순수하다'는 뜻이 있다. 이름 그대로 순종은 순한 인생을 살았다. 왕으로 지내면서 특별한 사건, 사고도 없이 그저 조용히 지내다 생을 마감했다. 그러나 그의 인생은 어쩔 수 없이 순했던, 순할 수밖에 없는 삶이었다. 망국의 황제로서 갖은 모욕과 치욕을 그저 삭힐 수밖에 없었던 삶을 결코 평탄했다고 말할 수 없을 것이다.

만약 순종이 현대 의술의 도움을 받을 수 있었다면 어땠을까? 아편이 든 커피를 어릴 적 마시지 않았다면 조선의 운명이 달라질 수 있었을까? 자주 체하고 설사하던 순종에게 지금이라면 위장관 운동조절제와 지사제를 처방할 수 있다. 고통이 너무 심하다면 신경안정제까지 처방할 수 있을 것이다. 하지만 약만으로 문제가 해결되지는 않았을 것 같다. 일제 치하의 조선이라는 시대적 환경이 주는 스트레스가 과민성 대장증후군의 가장 큰 원인이었기 때문이다. 슬프고 비참한 상황이 바뀌지 않았다면 이런 약들도 망국의 왕인 순종에게 아주 잠깐의 위안과 안식만 주었을 것이다.

앏아두운 세계사_케네디 대통령의 남모를 고충

"국가가 당신에게 무엇을 해줄 수 있는지 묻지 말고, 당신이 국가를 위해 무엇을 해줄 수 있는지 물어라!"

1961년 1월, 이제 막 취임한 대통령은 백악관에서 새로운 미국의 시작을 알리는 연설을 했다. 그의 나이는 43세로 역대 최연소 대통령이었다. 그는 말했다. "자유민주주의를 지키기 위해 국민이 나서야 한다. 그러면 국가는 당신들을 도울 것이다." '뉴 프런티어 정신'을 강조한 연설은 수많은 미국 국민의 마음을 사로잡아 큰 인기를 얻었다. 이 연설을 한 인물이 바로 미국의 35대 대통령 존 F. 케네디다.

케네디 대통령은 '이미지 정치'를 잘 활용한 인물이다. 1960년대는 미국 가정에 TV가 막 보급되는 시기였다. TV로 전해지는 이미지의 힘을 잘 알고 있었던 케네디는 국민에게 자신의 '젊고 도전적인 이미지'를 보여주려 노력했다. TV에 나오는 그는 당당하고 자신만만했다. 늘 힘차고 정확한 발음으로 연설하고, 정치적 라이벌인 리처드 닉슨 앞에서도 항상 여유로운 모습을 잃지 않았다. 이렇게 유능한 모습과 잘생긴 외모로 그는 많은 인기를 얻어 비교적 젊은 나이에 대통령의 자리에 오를 수 있었다. 하지만 취임한 지 2년 만인 1936년, 자동차 퍼레이드에서 리 하비 오스왈드Lee Harvey Oswald의 총을 맞고 사망했다. 재임 기간은 짧았지만 케네디의 카리스마 넘치는 모습은 많은 미국인에게 강렬하고 생생하게 새겨졌다.

하지만 케네디가 죽고 난 후 밝혀진 여러 기록은 그의 위풍당당한 모습이 철저히 만들어진 이미지였다는 것을 알려준다. 그를 진료한 내과 의사의 기록을 보면 케네디는 사실 굉장히 병약한 인물이었다. 어릴 때부터 심한 과민성 대장증후군을 앓아 늘 설사와 복통에 시달렸다고 한다. 그는 대장염을 치료하기 위해 장의 경련을 줄이는 진경제와 염증을 완화하는 스테로이드를 복용했다. 그래서였을까? 스테로이드를 너무 오래 먹으면 생기는 부작용인 골다공증, 애디슨병, 편두통 등의 질환도 앓았다.

케네디가 대통령에 취임할 당시 미국은 냉전 시대의 절정을 달리고 있었다. 소련의 도발은 끝이 없었고, 공산주의 혁명을 일으킨 쿠바의 카스트로 정권은 당장이라도 미국에 미사일을 날리려 했다. 카스트로 정권을 무너뜨리고자 한 미국은 쿠바에서 온 망명자들을 훈련시켜 쿠바를 침공하는 계획을 세웠다. 이른바 피그만 침공 작전이었다. 그런데 미국중앙정보국CIA이 잘못된 정보를 수집해서 침공 작전이 실패로 돌아갔다. 많은 비용과 인력을 투입한 작전이 처참히 실패하자 케네디의 스트레스는 하늘 끝까지 치솟았던 것 같다. 과민성 대장증후군 증상이 더욱 심해졌다. 처방 기록에 따르면 수많은 아편계 진통제와 국소마취제 주사, 진경제와 수면제가 그에게 투여되었다. 하지만 어떤 미국인도 대통령이 수많은 약물을 달고 사는 환자라는 사실을 알지 못했다.

그럼에도 케네디는 소련과의 협상을 통해서 쿠바와의 갈등을 무사히 해결했다. 도전적인 인물답게 미국항공우주국NASA이 아폴로 11호를 쏴서 최초로 인류를 달에 보내는 프로젝트를 지원하기도 했다. 짧은 기간 동안 이루어낸 그의 업적들을 돌아보면, 위대한 인물 앞에서 질병이라는 것은 사실 그다지 큰 장애물이 되지 않았던 듯싶다.

불안한 밤에는 우황청심환

정조

약사의 맞춤 처방전

성명	이산
출생	1752년 10월 28일
사망	1800년 8월 18일
주소	한성부 창경궁 경춘전
직업	조선 22대 왕
증상	너무 불안해서 밤마다 잠들지 못함 늦은 시간까지 깨어 있느라 눈이 침침함
진단	불안장애 불면증
처방 의약품	로라제팜(lorazepam) 졸피뎀(zolpidem)
특이사항	못 말리는 골초 사람 잘 못 믿음 늘 속에서 열불이 남 학구열 만렙

1777년 7월 29일 밤 11시, 달빛만이 고요하게 경희궁 담벼락을 비추고 있었다. 그때 한 무리의 그림자가 빠르게 담벼락 밑을 지나갔다. 도포를 뒤집어쓴 이들은 어둠 속에서 서서히 모습을 드러냈다. 장사 전흥문, 나인 월혜를 비롯한 무사 스무 명이 그들이었다. 모두가 잠든 어둡고 고요한 밤공기 사이로 긴장된 분위기가 역력했다. 무리의 대장처럼 보이는 이가 침묵을 깨고 말했다.

"잘 들으라. 이번 거사는 그 누구의 귀에도 들어가서는 안 된다. 조심히 그리고 재빠르게 움직이도록!"

"네, 나으리!"

그들에게 명령을 내리는 이는 노론 당파의 대신 홍계희의 손자 홍상범이었다. 그는 아버지 홍술해를 유배 보낸 임금을 눈엣가시처럼 여기고 항상 불만을 품어왔다. 지금 그는 한 나라의 운명을 바꿀 거사를 앞두고 있었다.

"왕은 무얼 하고 있는가?"

"존현각에서 책을 읽고 있사옵니다."

"이 시간에? 지붕을 타고 조용히 이동한다."

사내들이 입고 온 도포를 벗었다. 허리춤에서는 커다란 칼 한 자루가 서슬 퍼렇게 빛나고 있었다. 이 칼은 누구의 목을 노리는가? 바로 조선의 왕 정조였다. 무사들은 왕궁의 담벼락을 타고 은밀하게 이동해 왕이 머무는 존현각 앞에 다다랐다. 먹이를 노리는 독수리처럼 방문을 노려보는 그들의 눈에 희미한 불빛이 보였다. 그 불빛 너머로 왕의 실루엣이 일렁이고 있었다.

"지금이다! 쏴라!"

그런데 이게 무슨 일일까? 반대편 지붕 위에서 군사 한 무리가 나타났다. 금위대장의 명이 떨어지자 자객들의 머리 위로 무수한 화살 세례가 떨어졌다.

"이럴 수가, 매복이다! 후퇴한다!"

그들은 혼비백산하며 도망칠 수밖에 없었다. 자객들이 궁궐 밖으로 도망치자 정조가 밖으로 나왔다. 금위대장이 그의 곁에 서서 말했다.

"제가 전하를 모시는 동안만 해도 전하를 시해하려는 시도가 셀 수 없습니다. 약과 음식에 독을 타고, 잠자리에 자객을 보내고……. 이참에 노론 세력의 뿌리를 뽑아야 뒤탈이 없을 겁니다.”

정조는 아무 말 없이 달을 바라보았다. 그는 속으로 되뇌었다.

‘살아야 한다. 무슨 일이 있어도 살아남아서 아바마마의 원수를 갚아야 한다.’

불안이 증폭되면 나타나는 불면증

우리는 살면서 ‘불안’이라는 감정을 시시때때로 느낀다. 불안은 인류의 생존에 꼭 필요한 감정이다. 불안을 통해 위험을 감지하고 사고에 대비해 생명을 지킬 수 있기 때문이다. 그러나 이런 감정이 오랫동안 지나치게 이어진다면 일상에 지장을 줄 뿐만 아니라 몸과 마음에 큰 문제를 가져온다. 이를 ‘불안장애’라고 한다. 불안장애는 불면증·두통·위장관장애·다한증·강박증·공황장애·공포증 등의 다른 질환을 가져온다. 가끔 TV에서 공황장애나 불안장애를 앓고 있다고 밝히는 유명 연예인을 종종 볼 수 있는데, 그들이 호소하는 고통은 불안이라는 감정이 극도로 커진 결과라고 할 수 있다.

그러나 이런 불안은 연예인만 겪는 것이 아니다. 2022년 건강보험심사평가원의 분석에 따르면 2021년 불안장애 환자 수는 86만 5,100명으로 2017년과 비교해 32.3% 늘어났다. 불안장애와 관련한 1인당 진료비 역시 32만 4,689원으로 2017년보다 38%나 늘었다. 불안장애를 호소하는 연령대도 크게 변화했다. 2017년에는 60대 환자가 18.7%로 가장 많았지만 2021년에는 20대 환자가 19%로 가장 많았다. 청년층을 중심으로 불안장애가 빠르게 퍼지고 있다는 사실을 알 수 있다. 실제로 불안장애와 불면증 관련 약들은 약국에서도 점점 더 많이 판매되고 있다. 이제 주변에서 '잠이 잘 안 온다', '가슴이 자꾸 두근거린다', '시험이나 면접 전에 너무 긴장되서 일상생활이 안 된다' 등의 고충을 털어놓는 사람들을 매우 쉽게 볼 수 있다. 독자 여러분도 지난 며칠 사이 누군가의 정신적 고충에 대해 직접 들었거나, 비슷한 문제를 겪었을지 모르겠다.

불안장애의 원인에는 여러 가지가 있다. 뇌와 중추신경에 이상이 생겨서일 수도 있고 호르몬 불순, 갱년기 같은 생리학적 변화가 그 원인이 될 수도 있다. 그러나 현대인이 겪는 불안장애는 대부분 '사회·환경적 원인'으로 생긴다. 지금 당장 TV나 SNS를 봐도 경제가 무너지고 취업난이 심해지고 있다는 뉴스, 각종 위험한 사건 사고를 전하는 뉴스를 접할 수 있다. 학생과 청년이 겪는 입시 스트레스와 취업 경쟁 또한 매우 치열하다. 각자도생을 요구하는 사회 분위기가 생존에 대한 불안을 계속 느끼게 하는 것이다.

경희궁의 정문인 흥화문. 경희궁의 여러
건물 중 존현각은 평생 암살 위협에 시달린
정조가 밤늦은 시간까지 책을 읽곤 했던
장소라고 전해진다. 존현각은 1829년
화재로 현재는 소실된 상태다.

암살 위협을 가장 많이 받은 왕

정조는 조선 시대를 배경으로 하는 사극에 자주 등장하는 왕이다. 그의 삶 자체가 굉장히 극적이기 때문이다. 정조의 아버지는 뒤주에 갇혀 죽었다고 알려진 사도세자다. 정조는 열 살일 때 아버지가 죽는 모습을 눈앞에서 보았다. 당시 조선의 신하들은 소론과 노론이라는 두 가지 당파로 분열되어 있었다. 사도세자는 소론의 지지를 받고 있었고 그의 아버지인 영조는 노론의 지지를 받고 있었다. 소론과의 세력 다툼에서 이기기 위해 노론은 사도세자가 영조를 해치려 한다는 음해와 계략을 꾸미고 있다며 영조를 구슬렸다. 결국 영조는 역모를 꾀했다는 이유로 사도세자를 뒤주에 가두었다. 그런 영조도 손자인 정조에게는 차마 해를 가하고 싶지 않았다. 오히려 정조를 애지중지하며 그에게 왕위를 물려주고자 했다.

"전하! 역적지자 불위군왕逆賊之者 不位君王이라 했사옵니다. 어찌 역적의 자식에게 왕위를 물려주려 하십니까? 통촉하여 주시옵소서!"

당연히 노론 세력이 이를 반길 리 없었다. 정조가 왕이 된다면 사도세자를 죽인 자신들을 어떻게 할지 불 보듯 뻔했기에 어떻게든 정조가 왕위에 오르는 것을 막으려 했다. 그러나 23세의 정조는 영조를 이어 조선의 22대 왕이 되었다. 왕위에 오른 정조는 신하들에게 말했다.

"과인은 사도세자의 아들이다!"

이 말은 노론 세력에게 그동안의 죄를 묻겠다는 전면전을 의미했다. 재상의 자리에 소론 세력을 앉히면서 '한판 붙어보자' 하는 정조를 노론 세력도 가만히 지켜볼 수 없었다.

1777년 정유역변丁酉逆變을 비롯해 정조를 암살하려는 시도가 여러 번 있었다. 기록에 따르면 정조는 재위 기간인 24년 동안 열한 번이나 되는 암살 위협을 겪었다. 이는 역대 조선의 왕을 겨냥한 암살 시도 횟수 중 가장 많다. 정조 역시 본인의 목숨이 위험에 처해 있다는 사실을 잘 알고 있었다. 그래서 암살자가 절대 자신을 노릴 수 없도록 빈틈없는 생활을 보냈다. 수라상을 받을 때는 행여나 음식에 독이 없는지 미리 기미상궁이 먹어보게 한 다음 수저를 들었다. 정조는 임금을 치료하는 어의들도 자신을 해칠 수 있다고 생각해서 그들이 처방하는 약을 먹지 않았다. 그 대신 스스로 한의학을 공부해 필요한 약을 직접 골랐다. 밤에는 자객들의 침입을 받을지 모르니 늦은 시간까지 책을 읽었다.

하지만 한 치의 빈틈도 용납하지 않는 생활은 정조의 몸을 조금씩 무너뜨렸다. 밤늦게까지 책을 보느라 만성적인 불면증에 시달렸고, 눈병을 심하게 앓아 조선 왕으로는 최초로 안경을 쓰기도 했다. 그는 말년에 신하들에게 이렇게 말했다.

"경들은 과인이 그동안 어떻게 살아왔는지 아는가? 과인은 맛있게 밥을 먹은 적이, 편안하게 잠을 자본 적이 한 번도 없다."

정조에게 불안증과 불면증은 죽고 죽이는 살벌한 정치 풍파와 더불어 피할 수 없는 시련이었다.

속에서 열불이 날 때 먹는 약

스트레스가 이만저만이 아니었던 정조가 평소 즐겨 먹은 약이 바로 우황청심환牛黃淸心丸이다. 아마 시험이나 면접을 준비하는 독자라면 우황청심환에 대해 한 번쯤 들어봤을지도 모르겠다. 지금도 시험 기간이나 면접일이 되면 약국에 와서 이 약을 찾는 사람이 많다.

우황청심환의 뜻은 '심열을 가라앉히는 우황'이다. 우황은 소의 담관에서 분비되는 담즙이 엉겨서 만들어지는 일종의 결석이다. 한의학에서는 차가운 성질을 지닌 우황을 심장의 열기를 가라앉히기 위한 약재로 쓴다.

"아우, 열 받아."

"속에서 열불이 난다."

우리는 스트레스를 받을 때 몸속에서 열이 난다는 표현을 쓴다. 이처럼 화가 나거나 예민하거나 불안증이 심한 상태를 한의학에서는 '심장에 열이 쌓였다'고 본다. 조선 시대 때 심장의 열을 식혀주는 차가운 성질의 우황청심환은 각종 스트레스로 인한 화병·불면증·불안증에 특효약으로 쓰였다. 뇌졸중이 왔을 때 사람을 소생시키는 응급 약으로도 쓰였다. 그래서 우황청심환은 경옥고瓊玉膏와 공진단拱辰丹과 함께 왕실의 '3대 명약'으로 꼽혔다.

우황청심환은 정조에게 딱 맞는 처방이었다. 왜냐하면 그는 열이 많은 체질이었기 때문이다. 게다가 정조는 오랜 불안과 스트레스로 심열이 쌓일 수밖에 없는 일상을 보냈다. 평소 즐겨 피우는 담배의 뜨거운 기운 역시 심장이 뜨거워지는 원인이었다. 그가 47세라는 이른 나이에 사망한 것도 이 심열의 탓이 컸다.

피부에 종기가 날 정도로 정조의 화병은 극에 달했다. 평생 스스로 약을 처방한 정조도 병세가 깊어진 말년이 되어서는 어쩔 수 없이 어의에게 치료를 맡겨야만 했다. 이때 어의는 정조에게 인삼이 들어간 경옥고를 권했다. 인삼은 몸이 허약한 사람에게 좋은 재료였지만 뜨거운 성질을 지녀서 몸에 열이 많은 사람에게는 좋지 못했다. 당연히 정조는 어의의 처방을 거부했다.

"경옥고에는 인삼이 들어가지 않나? 짐은 본디 몸에 열이 많아서 인삼을 먹지 않네."

"하지만 전하의 원기가 많이 약하여 인삼을 드셔야 하

옵니다."

어의의 계속된 권유로 정조는 경옥고를 먹었으나 종기
가 낫지 않아 결국 사망하고 말았다. 그렇다면 정조가 죽은
것은 경옥고 때문이었을까? 그렇게 보이지는 않는다. 그보
다는 평소 달고 산 불안과 스트레스, 불면증으로 인한 수면
부족이 죽음을 앞당겼다고 보는 게 맞을 것이다.

수면제로 불면증을 치료할 수 있을까

그렇다면 오늘날 현대인들은 불안증과 불면증에 어떤 약을
사용할까? 먼저 불안증을 치료하는 항불안증 약으로는 벤
조디아제핀계benzodiazepine로 분류하는 신경안정제를 사용한
다. 로라제팜lorazepam과 클로나제팜clonazepam 같은 성분이
대표적이다. 이 약들은 우리 몸의 중추신경계를 억제해 불
안감을 줄인다. 뇌와 척수를 비롯한 중추신경계는 우리 몸
의 생명과 직결되는 중요한 신호를 전달한다. 이 약들은 중
추신경계에 직접 작용하는 약물이다 보니 '향정신성의약품'
으로 지정되어 엄격한 관리와 통제 아래 사용된다. 보통 로
라제팜은 불안을 단기적으로 가라앉히기 위해 사용하고, 클
로나제팜은 뇌전증이나 공황장애 치료에 많이 사용한다. 이
외에도 프로프라놀롤propranolol이라는 약은 예민해질 때 반

응하는 교감신경을 억제한다. 긴장을 완화하고 불안할 때 올라가는 심박수를 낮추는 것이다. 종종 면접이나 시험을 준비하는 사람들이 긴장을 풀기 위해 이 약을 처방받기도 한다.

불면증을 치료하는 약도 여러 가지 개발되어 있다. 앞서 말한 벤조디아제핀계의 로라제팜이 쓰이기도 하지만 최근에는 제트약물z-drug이라고 부르는 약물을 가장 많이 쓴다. 대표적으로 졸피뎀zolpidem이라는 수면제가 있다. 졸피뎀은 기존의 벤조디아제핀계 약물이 가지고 있던 부작용을 개선하기 위해 만들어졌다. 그러나 졸피뎀 역시 여러 가지 부작용이 수면 위로 드러나면서 논란이 되고 있다. 나도 모르게 밖에 나와서 걸어다니는 몽유병 증상, 사망에 이르게 할 정도로 강한 자살 충동 등 여러 부작용이 있다. 이는 아직까지 수면제가 완벽한 불면증 치료제가 아님을 상기시켜 주고 있다.

스스로에게 채찍질을 가한 삶

많은 역사학자가 정조를 훌륭한 군주로 평가한다. 정조는 아버지의 죽음을 눈앞에서 보고 왕위에 올랐지만, 자신을 반대하는 세력을 무자비하게 살육하는 왕은 아니었다. 그와 비슷한 배경에서 자라 피바람을 불러일으켰던 연산군과 비교하면 사뭇 달랐다. 그는 사적인 감정보다 조선의 운명을 훨씬 더 중요하게 여겨 자신에게 위협적인 세력만을 제거했고, 영조에게서 물려받은 탕평책蕩平策을 고수했다. 각 당파의 대표를 고루 등용해 서로 견제하게끔 만드는 정책이었다. 탕평책은 특정 당파가 세력을 독점하거나 한 당파에게만 유리한 구도가 생기는 것을 막아주었다. 이처럼 정조는 감정에 휩쓸리지 않고 조선의 미래를 생각할 줄 아는 왕이었다. 그는 규장각이라는 도서관을 설치해 인재들을 육성하고 학문을 연구하며 정치에도 힘썼다. 수원에 화성을 건축해 우리 역사에 길이 남을 유산을 남겨주기도 했다. 그러나 안타깝게도 정조의 이른 죽음은 그의 탕평책이 제대로 자리 잡지 못하는 원인이 되었다. 정조의 죽음을 틈타 신흥 세력인 안동 김씨 가문은 권력을 독점하는 세도정치를 펼쳤다.

과도한 업무와 더불어 심한 불면증, 스트레스와 화병은 정조의 건강에 큰 영향을 끼쳤다. 그는 같은 나이대의 신하들보다 훨씬 초췌하고 늙어 보였다. 불면증은 단순히 잠을 못 자는 병이 아니다. 우리는 인생의 3분의 1을 잠을 자면서 보내는데, 이 시간 동안 깨어 있을 때 겪은 스트레스와 크고 작은 신체적 피해를 복구한다. 기억을 재정비하고 뇌 속의 노폐물을 제거하며 손상된 세포를 되살리는 것이다. 그렇기에 잠을 제대로 자지 못하는 생활이 이어지면 면역계가 약

정조가 세운 왕실 도서관인 규장각. 그는
사적인 감정을 앞세우는 대신 인재들을
육성하고 학문 연구와 정치에 힘썼다.

해져 각종 질병에 걸리기 쉽다. 혈압과 혈당이 올라가고 기억력이 줄어들며, 뇌세포가 손상되어 치매가 생기기도 한다.

만약 불면증과 불안증을 달고 살았던 정조에게 수면제를 처방할 수 있었다면 어땠을까? 물론 오늘날의 수면제와 항정신성의약품 역시 완벽한 해결책은 아닐 것이다. 정조의 건강이 좋지 않았던 것은 그가 살아왔던 시대와 주변 환경의 탓이 컸기 때문이다. 살벌한 당파 싸움과 죽고 죽이는 굴레를 끊지 않는 이상 정조의 불면증도 다 낫지 못했을 것이다. 하지만 적어도 잠을 잘 때만이라도 근심과 걱정을 덜어내게 도와줄 수 있지는 않았을까? 끊임없이 스스로에게 채찍질을 가할 수밖에 없었던 모진 인생이 그저 안타깝기만 하다.

1970년대 말부터 1990년까지 영국을 이끈 마거릿 대처 Margaret Thatcher총리에 대한 평가는 자국 내에서도 극과 극으로 갈린다. 2차 세계대전을 승리로 이끈 윈스턴 처칠 총리에 이어 영국에 가장 큰 영향력을 끼친 지도자로 꼽히지만, 일각에서는 그의 장례식 날 '마녀가 죽었다'며 축제를 벌였을 만큼 사랑과 미움을 동시에 받은 인물이다.

대처의 별명은 '철의 여인'이다. 그가 막 총리로 재임하기 시작한 1979년 영국 경제는 무너지기 직전이었다. 경제 성장률은 마이너스였고 물가는 나날이 치솟아 1974년부터 1975년까지 1년 동안 무려 27퍼센트가 올랐다. 사회 분위기도 혼란스러웠다. 영국 정부가 물가가 오르는 현상을 막기 위해 임금 인상률을 제한하자 영국 내 노동조합들은 이에 반발해 대대적인 파업을 일으켰다. 가라앉는 경제, 올라가는 실업률과 물가, 끊이지 않는 파업과 시위 속에서 영국 국민의 마음은 늘 무겁고 불안할 수밖에 없었다. 이렇게 무너져가는 영국 사회를 다시 일으키려면 대대적인 조치가 필요했다. 경제를 살리기 위해 대처는 강도 높은 긴축재정과 구조 조정을 시행했다. 파업을 벌인 노조는 강경하게 탄압하고 복지 예산을 삭감했다. 그리고 외교적으로는 강경 외교와 반공 노선을 밀어붙이는 대대적인 수술을 감행했다. 좋게 말하면 '정치적 신념이 확고하며 뚝심이 있는 인물'이었고 나쁘게 말하면 '피도 눈물도 없는 외골수 정치인'이었던 것이다. 대처는 영국의 경제성장과 부흥을 가져왔다는 찬사와 동시에 노조를 탄압한 자유주의의 노예라는 비판도 받았다.

마거릿 대처 하면 잘 알려진 또 하나의 사실은 그가 '4시간 수면'으로 유명한 워커홀릭이라는 점이다. 대처는 실제로 잠을 4시간만 자며 총리 업무를 보았다. 그를 보좌하는 수행원들은 새벽 2시까지 업무를 보고해야 했다. 그는 매일 새벽 5시에 일어나서 라디오를 들으며 하루를 시작했다고 한다. 4시간밖에 되지 않는 수면이 불면증 때문이었는지, 아니면 영국의 위기를 막기 위해 어쩔 수 없이 내린 선택이었는지 모르나 적어도 한 가지는 틀림없다. 그 당시 통치자들에게는 짧은 수면이 덕목이었다는 점이다. 역사적인 위인 중에는 잠을 줄이고 일을 했던 워커홀릭이 많다. 윈스턴 처칠 총리는 2차 세계대전이 한창일 무렵 4시간만 잠을 잤다고 한다. 프랑스의 장군 나폴레옹 보나파르트는 수면 시간을 두고 "남자는 6시간, 여자는 7시간, 바보는 8시간"이라고 말했다. 이처럼 과거에는 잠이라는 것이 휴식보다는 나약함과 나태의 상징이었다. 대처 역시 "잠은 겁쟁이들을 위한 것이다"라는 유명한 말을 남기며 '절대 잠들지 않는 총리'라는 별명을 얻었다. 밤낮으로 일에 몰두하며 영국의 경제성장, 포클랜드 전쟁에서의 승리 등 수많은 업적을 남겼다.

하지만 짧은 수면 시간이 좋지만은 않다. 우리 뇌는 수면 시간 동안 뇌 속에 쌓인 노폐물을 제거하는데, 잠을 충분히 자지 않으면 노폐물이 빠져나가지 않고 몸속에 조금씩 축적되기 때문이다. 이런 노폐물이 많아지면 치매와 뇌혈관 질환에 걸릴 확률이 높아진다. 대처는 말년에 알츠하이머 치매로 고생하다가 87세에 뇌졸중으로 사망했다. 전문가들은 오랫동안 잠을 충분히 자지 않았던 대처의 생활 습관을 그 원인으로 보고 있다.

우울증이 도지면 연암골로 튀어

연암 박지원

약사의 맞춤 처방전

성명	박지원
출생	1737년 3월 5일
사망	1805년 12월 10일
주소	한성부 백탑
직업	실학자 소설가
증상	감정의 기복이 심함 삶에 낙이 없다고 느낌 입맛이 없음 매일 뜬눈으로 밤을 지샘
진단	우울증
처방 의약품	세로토닌 재흡수 억제제(SSRI)
특이사항	나서기 싫어하나 의문의 인싸 조선 최고의 베스트셀러 작가 막강한 팬덤 보유 여행 뿜뿌 자주 옴

"민옹은 기이한 사람이지요. 그의 이야기를 듣는 사람치고 마음이 상쾌하게 열리지 않는 이가 없답니다."

사람을 기분 좋게 해주는 이야기꾼이라니. 무심하게 손님의 근황을 듣던 어린 박지원은 어떤 사람의 마음이라도 상쾌하게 해준다는 노인의 이야기에 관심이 생겼다. 혹시 이 노인이라면 자신의 병을 치료해줄 수 있지 않을까?

"그렇소? 내 언제 한번 집으로 꼭 초대하고 싶구려."

열여덟 살, 돌도 씹어먹는 나이라고 할 만큼 한창 혈기가 넘치는 시기다. 하지만 어린 박지원은 마치 하루하루를 죽을 때가 가까워진 노인 같은 기분으로 보내고 있었다. 만사가 무기력하고 부질없게 느껴졌으며 삶에 대한 낙이 사라진 지 오래였다.

'아무 의미 없는 먼지 같은 삶, 이렇게 연명한들 무슨 소용인가? 부질없다, 부질없어.'

우울함과 함께 엄습해오는 나쁜 생각에 박지원은 닥치는 대로 무언가에 흥미를 붙이려 노력했다. 글도 써보고 그림도 그려보고, 악기 연주나 골동품 모으기를 취미로 삼아보려 노력했다. 그러나 여전히 마음 한편이 깨진 장독대처럼 텅텅 빈 느낌이었다. 매일 밤 잠자리에 누워도 잠은 오지 않았고, 뜬눈으로 밤을 지새우다 지친 몸으로 하루를 시작했다. 저잣거리로 산책하러 나가는 것조차 귀찮고 힘들었으며 입맛도 사라져 하루하루 수척해져 가는 나날이었다. 그의 유일한 낙은 가끔 집으로 찾아오는 사람들에게 우연히 재미있는 이야기를 듣거나, 재미난 이야깃거리가 많다는 사람들을 집으로 초대해서 대화하는 것이었다. 그렇게 우연히 민옹에 대한 이야기를 들은 박지원은 수소문 끝에 그를 집으로 초대했다.

"실례하오. 뉘 계시는지요?"

며칠 후 민옹이 그의 집을 찾아왔다. 그의 이름은 민유신이었고 73세였다. 눈썹과 수염은 새하얗게 내려왔고 얼굴에 주름이 가득했지만, 입꼬리 주변에는 장난스러운 웃음기가 어려 있었다. 꾀죄죄한 옷차림으로 방 안에 들어온 그는 안방을 한번 둘러보았다. 이윽고 집주인을 발견하고는 가벼운 발걸음으로 박지원에게 다가가 바닥에 앉았다. 그 모습이 마치 호기심 가득한 어린아이와 같았다. 민옹은 박지원의 얼굴을 한참 바라보았다. 아마 그의 마음 한구석 가득한 근심을 읽은 듯했다.

"어디가 아픈 거요? 머리가 아픈 거요?"

"아니요."

"그럼 배가 아픈 것이오?"

"아니요."

"그럼, 아무 병도 없구려."

넉살 좋게 말을 하는 민옹을 보자 박지원은 그제야 민옹이 보통 노인네가 아님을 깨달았다. 박지원은 이윽고 오랫동안 자신을 괴롭히던 근심에 관해 이야기했다.

"나는 특히 음식 먹기를 싫어하고, 밤에는 잠을 못 잔다오. 이게 바로 내 병입니다."

"축하하오!"

난데없는 민옹의 축하에 당황한 박지원은 이유를 물었다. 어린 나이에 생긴 마음의 병이 어찌 축하할 일이란 말인가? 민옹이 능청스럽게 말했다.

"형편도 어려운데 밥 먹기를 싫어하니 집안 살림이 늘어날 것이고, 잠을 못 잔다고 하니 낮과 밤을 아울러서 갑절이나 더 사는 게 아니겠소? 그야말로 수壽와 부富를 함께 누리는구려."

이 말을 들은 박지원은 어처구니가 없었다. 하지만 한

편으로는 노인의 말이 맞았기에 아무 대꾸도 할 수 없었다. 잠시 후 밥상이 차려졌다. 입맛이 없던 박지원은 젓가락을 깨작깨작 놀리다가 민옹 쪽을 보았다. 민옹은 팔뚝마저 걷어붙인 채 게걸스럽게 음식을 먹고 있었다. 밥 한 숟가락을 크게 퍼서 그 위에 반찬을 가득 올리고 한입에 집어 먹는 모습이 참으로 복스러워 보였다. 이 모습을 보던 그의 입 안에도 침이 고였다. 박지원은 속으로 생각했다.

'참으로 기이한 노인이다.'

마음의 감기, 우울증

'연예인 OOO, 우울증 때문에 극단적 선택'

'30대 우울증 환자, 신변을 비관해 자살'

누군가 스스로 생을 마감했다는 안타까운 뉴스를 접할 때가 많다. 대기업 임직원, 연예인, 나이가 지긋한 어른부터 한창 꽃다운 나이의 학생까지. '자살'이라는 단어에 항상 따라붙는 질병이 있다. 바로 '우울증'이다. 2020년 국민건강보험공단에 따르면 우리나라에서 우울증으로 병원을 찾은 환자는 101만 명으로 처음 100만 명을 넘었다고 한다. 국민의 2.5%가 우울증을 앓은 적이 있다고 추정할 정도로 우울증은 우리나라에 드리워진 그림자 같은 질병이다. 이런 우울증을 '마음의 감기'라고 부르기도 한다. 감기처럼 나이에 상관없이 누구나 걸릴 수 있기 때문이다. 또한 가벼운 증상으로 끝나기도 하지만 심할 경우 스스로 삶을 끊게 하는 치명적인 질병이기도 하다. 실제로 우리나라 우울증 환자의 15%는 극단적 선택을 시도한다.

우리는 살면서 우울한 기분을 느낄 때가 있다. 하지만 대부분 시간이 흐르면 자연스럽게 회복하고 일상으로 돌아간다. 그러나 우울증 환자는 그 상흔이 심하고 심리적 후유증을 오래 겪는다. 가라앉은 기분이 오래도록 이어지며, 만사에 흥미를 잃는다. 불면증이나 과수면이 생기고 만성 피로감 같은 증상을 겪기도 한다. 심할 경우 죽음에 대해 반복해서 생각하고, 자해하다가 끝내는 자살까지 시도한다. 이런 우울증이 생기는 이유는 다양하다. 뇌에서 일어나는 화학적 변화 때문일 수도 있고, 주변 환경의 영향 또는 개인의 타고난 기질과 상황에서 비롯할 수도 있다. 예를 들어 갱년기에 접어든 여성은 호르몬이 급격하게 변화해 우울증을 겪을 수 있다. 직장이나 사회에서 받는 스트레스가 쌓여 우울증이 생기기도 한다. 이처럼 여러 가지 요인이 복합적으로 작용하기에 우울증의 원인을 특정하기는 쉽지 않다.

다만 확실한 점은 대한민국의 우울증 환자가 계속해서 늘고 있다는 점이다. 우울증에는 사회·경제적 요인도 큰 영향을 끼친다. 우리나라에서는 코로나19 바이러스의 전파를 막기 위해 대대적인 사회적 거리 두기를 시행했고, 이에 따라 전 국민의 비대면 생활이 오래 이어졌다. 사람을 만나기 힘든 환경은 고립감과 우울증을 더 키웠다. 코로나로 생긴 우울감을 뜻하는 '코로나 블루'라는 신조어가 생겨날 정도로 대한민국은 한동안 우울의 늪에 빠졌다. 이 때문에 우리나라의 우울증 환자 증가율은 점차 상승해 2021년 8월에는 10.7%에 달했다. 우울증 환자의 연령대는 20대부터 60대까지 다양하지만, 최근에는 20~30대 젊은 환자의 비중이 커지고 있다. 이제 막 사회로 나가는 청년들의 마음에 살벌한 취업 경쟁과 높은 집값, 막대한 빚 같은 장애물이 그늘을 드리우고 있는 것이다.

조선 시대 최고의 인기 작가

"주인장, 여기 《열하일기熱河日記》 있는가?"

18세기 후반, 한양 책방은 《열하일기》를 찾는 지식인들로 문전성시를 이루었다. 이 책은 당대 지식인이라면 한 번쯤 읽어봐야 하는 베스트셀러였다. 책 좀 읽는다는 사람들은 모이기만 하면 《열하일기》에 대한 이야기를 나누었다. 이 책의 작가가 바로 어릴 적 우울증을 앓던 연암 박지원이다.

박지원은 뛰어난 문장력과 통찰력을 담은
《열하일기》로 조선 문인들 사이에서 스타
작가로 떠올랐다. 정치에는 일찍이 뜻을
접고 조용히 지냈지만, 그는 조선
지식인들의 존경을 한 몸에 받는 유명
인사였다.

《열하일기》는 박지원이 청나라 사신단의 일원으로서 5개월 동안 중국 북경과 열하에 머물며 보고 들은 것을 기록한 여행기다. 스물여섯 권이나 되는 엄청난 분량이지만 박지원 특유의 세밀하면서도 유쾌한 문체는 조선 지식인들의 마음을 단번에 사로잡았다. 당시까지만 해도 조선에는 '청나라는 미개하고 명나라는 진보했다'는 기조가 팽배했다. 하지만 《열하일기》에는 티베트 불교와 이슬람 등 다양한 종교와 문화를 받아들이며 발전한 청나라가 생생하게 담겼다. 이 책에서 박지원은 지푸라기 초가집에 사는 조선 백성과 벽돌 이층집에 사는 청나라 서민을 비교하며 조선이 청나라의 기술과 문물을 적극적으로 받아들일 것을 설파했다. 아울러 청나라 항구에 정박한 수많은 무역선과 마차의 모습을 묘사하면서 해상무역의 중요성을 강조하고, 조선 정치의 방향성을 제시하는 혜안까지 드러냈다.

《열하일기》에는 여행 이야기뿐만 아니라 중간중간 짧은 소설도 있다. 대표작이 〈허생전〉과 〈양반전〉이다. 〈허생전〉은 가난한 선비 허생이 아내의 성화에 못 이겨 돈을 벌러 가면서 벌어지는 이야기로 당시 조선의 현실을 풍자하고 있다. 〈양반전〉 역시 임진왜란 뒤에 몰락한 양반과 양반 자리를 돈 주고 사려는 상민의 이야기를 통해 조선 사회를 비판하고 있다.

> 그러나 양반이 반드시 지켜야 할 것이 있으니, 이것을 어겨서는 안 되느니라. (중략) 새벽 4시가 되면 일어나 이부자리를 잘 정돈한 다음 등불을 밝히고 꿇어앉는데, 앉을 때는 정신을 맑게 가다듬어 눈으로 코끝을 가만히 내려다보고, 두 발꿈치는 가지런히 한데 모아 엉덩이를 괴어야 하며, 그 자세로 꼿꼿이 앉아 《동래박의》를 얼음 위에 박 밀듯이 술술술 외워야 하느니라. <양반전> 중

이처럼 박지원의 글에는 문제의 본질을 꿰뚫고 미래를 볼 줄 아는 혜안뿐만 아니라 사회를 향한 비판을 재치 있게 표현하는 해학과 풍자가 가득했다. 친구들 사이에서도 그는 재미있고 유쾌한 지식인으로 알려졌다. 하지만 의외로 그에게는 어릴 때부터 심한 우울증을 앓았다는 반전이 있었다.

1737년 연암 박지원은 노론 명문가의 자식으로 태어났다. 할아버지와 아버지의 영향을 받아 어릴 때부터 글공부와 서예, 그림에 뛰어난 재능을 보였다. 그러나 마음이 여려 어릴 때부터 우울증을 심하게 앓았다. 어머니, 할아버지에 이어서 아버지까지 연이어 세상을 떠나자 우울증 증세는 더욱 심해졌다. 그런 가운데서도 그는 명문가의 자제였던 만큼 과거 시험에 응해 정계에 진출하려 했다. 1차 시험은 소과를 보았는데, 당시 임금이던 영조가 박지원의 시험지를

보게 되었다.

"너무나 아름다운 글이다."

임금이 나서서 칭찬할 정도로 뛰어난 문장력을 뽐낸 박지원은 과거에 최종 합격하기도 전에 수많은 조정 대신들로부터 러브콜을 받았다. 과거에 합격만 한다면 정치인으로서 승승장구할 것이 너무나 자명했다. 그때 박지원이 정치에 대한 미련을 버리게 되는 중요한 사건이 터졌다. 바로 절친한 친구 이희천이 억울하게 처형당한 사건이다.

이희천은 집에 《명기집략明紀輯略》이라는 책을 보관하고 있었다. 청나라의 태학사 주린이 1696년 편찬한 이 책은 조선에서 금서로 지정되어 있었다. 조선 왕실의 정통성을 부정하고 왕들의 행적을 비판하는 글이 적혀 있었기 때문이다. 당시 노론 계열을 시기하던 무리는 《명기집략》을 가지고 있다는 이유로 이희천을 처형했다. 그런데 그 책은 사실 박지원의 8촌 형이던 박명원의 것이었다. 친척 때문에 친구가 억울하게 죽은 것에 충격을 받은 박지원은 조선 정치에 회의를 느꼈다.

이후 그는 한양 백탑 근처에 있는 집에서 글을 쓰거나 농사를 지으며 조용히 지냈다. 하지만 뛰어난 글솜씨로 한양에서 유명 인사가 된 박지원의 집에는 수많은 지식인이 찾아왔다. 이덕무, 유득공, 이서구, 박제가는 그와 어울리며 문하생으로서 글을 배웠고, 훗날 멋진 글솜씨로 조선 4대

시가로 불리게 되었다. 박지원은 젊은 지식인들과 때로는 벗으로, 때로는 스승과 제자로 지내며 글을 쓰는 삶을 이어 갔다. 그러다가 1780년, 43세 때 청나라 사신으로 떠난 여행이 일생일대의 전환점이 되었다. 그는 청나라에서 보고 들은 것을 《열하일기》에 기록하고, 조선으로 돌아와서는 사상의 혁신을 적극적으로 주장하며 실학의 터전을 만들었다. 개혁과 개방, 실용을 중시하는 새로운 학문의 기틀을 마련한 것이다.

연암의 우울증 치료법

우울증에 걸린 환자의 이미지를 떠올려보자. 매사 무기력하고 소극적인 행동과 말투가 떠오른다. 어린 시절 박지원 역시 그랬다. 어릴 때 오랫동안 우울증을 앓으면 나이가 들어서도 사회생활이나 인간관계에 어려움을 겪는 경우가 많다. 그렇다면 박지원은 어떻게 우울증을 딛고 존경받는 실학자로 거듭날 수 있었을까? 여기에는 특별한 그만의 방법이 숨어 있다.

첫째는 '몰입'이다. 박지원은 우울증이 심해질 때면 이를 잊기 위해 글쓰기나 그림, 공부에 몰두했다. 지금도 의사들은 우울증 환자에게 마음을 쏟을 수 있는 취미를 권하고

원각사지 십층석탑. 불심이 깊었던 세조가
원각사라는 절을 지으며 함께 세운 탑이다.
현재 서울 탑골공원 안에 있는 이 탑은 조선
시대 때 백탑이라고 불렸으며, 한양 도성의
랜드마크였다. 조선 후기 수많은 지식인이
백탑 근처에 자리한 박지원의 집을
찾아왔다. 곧 백탑은 실학자들이 모이는
대표적인 장소가 되었다.

있다. 무언가에 집중하고 몰두하면 부정적인 생각이 커지는 것을 막을 수 있기 때문이다. 박지원은 스무 살의 젊은 나이에 이미 아홉 편의 문학작품을 썼다. 그림과 악기 연주 실력도 수준급이었다고 한다.

둘째는 '충분한 휴식'이다. 연암 박지원은 1771년부터 황해도 금천군 연암골에 마련한 처소에서 지냈다. 그의 호인 연암 역시 여기에서 따왔다. 박지원은 연암골에서 낮에는 농사를 짓고, 밤에는 글을 쓰거나 학문을 공부하며 바쁘게 보냈다. 그러다가 여름이 되어 날씨가 더워지면 하던 일을 접고 서울에 있는 집으로 돌아와 혼자만의 시간을 가졌다. 이때는 게으를 정도로 휴식에 집중했다.

셋째는 '좋은 친구들'과 함께했다는 점이다. 박지원의 주변에는 항상 즐거움과 슬픔을 함께 나눌 벗이 많았다. 이덕무, 이서구, 서상수, 유득공은 늘 그의 곁을 지키는 동네 친구였다. 그들은 매일 함께 글을 짓고 이야기를 나눴다. 정치를 논할 때면 '청나라의 문물을 받아들이는 것이 조선 발전을 위한 길이다'라고 주장했기에 사람들은 이들을 '북학파'라고 불렀다.

우울증이 있는 환자들은 고독을 느끼며 외로워한다. 이럴 때 마음을 보살펴주는 동료는 큰 힘이 된다. 아마 박지원에게 친구들은 우울증으로부터 자신을 지켜주는 든든한 지원군이었을 것이다.

화학물질을 조절하는 치료제

과거에는 우울증을 개인의 문제라고 생각했다. 그래서 우울증에 쓰는 약이 따로 없었고, 환자와의 상담이나 인지행동 치료를 하는 심리 요법을 주로 사용했다. 머리에 약한 전기 충격을 주는 치료법도 있었다. 그러나 뇌과학의 발달로 학자들은 우울증 환자의 뇌에서 세로토닌·도파민·노르에피네프린 등의 화학물질이 부족하거나 지나친 것을 발견했다. '신경전달물질'이라고 부르는 이 물질들은 우리 뇌의 화학 반응에 관여하면서 생각·기분·감정·행동·지각에 영향을 끼친다. 오늘날 우울증을 치료하는 데 쓰는 항우울제는 뇌 속 신경전달물질의 양을 조절한다. 인간의 우울이라는 심오한 감정의 병을 치료하는 길이 열린 것이다.

항우울제 중에서도 가장 많이 쓰이는 약물은 세로토닌 재흡수 억제제SSRI, Selective Serotonin Reuptake Inhibitors라는 약물이다. 세로토닌은 즐거움과 행복, 평온함 등의 긍정적인 감정을 일으키는 신경전달물질이다. SSRI는 뇌 속 세로토닌의 양을 늘려 우울감을 줄인다. 그러나 항우울제를 먹는다고 해서 우울증이 바로 낫지는 않는다. 적어도 4주 이상 약을 먹어야 하고 상담이나 인지행동 치료도 병행하는 게 좋다.

의술의 발달로 인간은 인체의 질병으로부터 조금씩 해방되고 있지만, 마음의 질병을 겪는 환자는 오히려 더 늘어나고 있다. 오죽했으면 코로나19 팬데믹 때 정신건강의학과만 환자 수가 늘었다는 말이 나올 정도일까. 실제로 지난 10년 동안 항우울제 처방 사례가 전 세계에서 두 배로 증가했다고 한다. 특히 우리나라에서는 그 증가세가 심각한 수준으로, 10~20대 우울증 환자 수가 5년 새 일곱 배나 늘었다. 더 큰 문제는 우울증 경험자의 70%가 의료진에게 도움을 구하지 않는다는 것이다. 정신과에 가면 이상한 사람으로 주변에서 낙인이 찍힐까 두려워하기 때문이다.

　우울증은 초기에 적극적으로 치료하면 환자의 80%는 완치할 수 있다고 한다. 물론 가벼운 우울은 우리 모두 한 번쯤 경험하는 감정이다. 이런 감정은 때론 어려움을 극복하고 성숙해지는 계기가 되기도 한다. 그러나 막연히 개인이 해결하고 극복할 수 있다고 믿으며 병을 내버려두면 더 큰 화를 불러올 수 있다. 만약 우울한 감정이 2주 이상 이어지고 일상생활에 지장을 준다면 꼭 전문의의 도움을 받아야 한다. 우울증은 의학의 도움을 받는다면 치료할 수 있는 질병이다.

꽃길만 걸을 수 있었지만

박지원은 임금도 사로잡을 정도로 뛰어난 문장가이자 예리한 통찰력을 갖춘 훌륭한 실학자였다. 조선의 정치가들은 그의 정치계 데뷔를 기대하며 뜨거운 러브콜을 보냈다. 명망 있는 양반 집안에서 태어나 꽃길만 걸을 수 있었던 그는 왜 정치에 대한 뜻을 빠르게 거둔 것일까? 앞서 살펴봤듯 연암이 속세를 떠나 안분지족하는 삶을 택했던 이유로는 여러 가지가 있을 것이다. 오래된 당파 갈등에 대한 회의감 때문일 수도 있고, 친구가 억울하게 죽은 충격적인 사건 때문일 수도 있다. 무엇보다 늘 전쟁터 같은 정치판이 오랫동안 우울증을 앓았던 본인의 여린 기질과는 맞지 않는다고 느꼈을 것이다.

만약 어린 연암이 우울증 치료제를 복용할 수 있었다면 어땠을까? 어쩌면 정계로 진출해 북학 사상을 더욱 적극적으로 주장하는 관료가 되었을지도 모른다. 실학을 널리 전파하고 백성들을 교육해 조선의 발전에 더욱 이바지했을지도 모르겠다.

2014년 8월 12일. 미국 아카데미 시상식 재단은 공식 트위터에 애니메이션 〈알라딘〉의 한 장면과 한 줄 문장을 게재했다.

"Genie, you're free(지니, 너는 자유야)."

이것은 알라딘이 램프에 갇혀 살던 지니를 풀어주며 했던 대사다. 그날 미국 전역은 지니의 목소리를 연기한 한 할리우드 배우의 죽음을 애도했다. 그 배우는 바로 로빈 윌리엄스Robin Williams다.

윌리엄스는 어릴 적부터 재미있고 유쾌해서 또래에게 인기가 많았다. 부유한 집안에서 태어났고 학교 성적과 교우 관계도 좋았기에 그의 삶은 겉으로는 완벽해 보였다. 하지만 가정환경은 그렇지 않았다. 항상 바빴던 그의 부모님 때문에 윌리엄스는 어린 시절에 거의 홀로 지낼 수밖에 없었다. 이는 그가 다른 사람들을 웃기는 코미디 연기에 관심을 가지는 계기가 되기도 했다. 성장한 윌리엄스는 스탠드업 코미디와 연극을 시작하게 되었다. 윌리엄스의 연기에 주목한 ABC 방송국은 새로 방영하는 시트콤 〈모크와 민디 Mork & Mindy〉에서 외계인 모크 역할을 그에게 맡겼다. 특유의 익살스러운 연기로 그는 드라마가 방영한 4년 동안 엄청난 인기를 얻었다. 그 인기를 바탕으로 할리우드로 진출해 수많은 역작을 남길 수 있었다.

윌리엄스는 재기 발랄할 뿐만 아니라 따뜻한 인간미가 느껴지는 역할을 많이 맡았다. 영화 〈굿 윌 헌팅〉에서는 반항아인 주인공을 따뜻하게 감싸는 교수님을, 〈죽은 시인의 사회〉에서는 학생들의 마음을 열어주는 선생님을, 〈굿모닝 베트남〉에서는 사랑과 평화를 전파하는 라디오 DJ를 연기했다. 그는 웃음과 휴머니즘을 동시에 전하는 훌륭한 연기로 1998년 아카데미 남우주연상과 골든글로브 남우주연상을 받았다. 그러나 행복해 보이는 연기와 따뜻한 웃음 때문이었을까? 사람들은 스크린 너머의 어두운 우울을 보지 못했다.

사실 그는 우울증을 앓고 있었다. 우울증 환자들은 우울감으로부터 도망치기 위해 마약과 술에 의존하는 경우가 많다. 윌리엄스 역시 코카인과 술에 의존하며 생활했다. 그러다가 그의 절친이던 존 벨루스가 헤로인과 코카인 과다 복용으로 사망했다. 친구의 죽음에 충격을 받은 윌리엄스는 마약과 술을 끊고 새 삶을 살기로 결심했지만, 더 큰 고난이 다가왔다. 2013년 그에게 '루이소체 치매'가 발병한 것이다. 루이소체 치매는 신경세포에 비정상적인 단백질 덩어리가 생기는 병으로 그는 손발이 떨리고 기억력이 떨어지는 파킨슨병 증상까지 앓았다. 말년에 영화 〈박물관이 살아 있다 3〉를 찍을 때는 대사를 자꾸만 까먹었고 신경질적으로 화를 자주 냈다고 한다.

연기 인생이 끝났음을 직감하자 그의 우울증은 더욱 심해졌다. 결국 2014년 8월 캘리포니아에 있는 자택에서 아내에게 "잘 자"라는 말을 마지막으로 남기고 스스로 생을 마감했다. 평소 유쾌하고 재미있는 모습만을 기억하던 사람들에게 그의 죽음은 예기치 못한 충격으로 다가왔다.

우울증으로 극단적 선택을 하는 사례는 사실 우리 주변에도 적지 않다. 우리나라 10~30대의 사망 원인 1위는 '자살'이다. 특히 우울증으로 인한 자살이 많아 큰 사회문제가 되고 있다. 우울증을 치료하려면 꾸준한 약물 요법과 더불어 생활 습관을 개선해 긍정적인 사고방식을 되찾아야 한다. 이를 위해 무엇보다 중요한 것은 주변 사람들의 관심과 사랑이 아닐까?

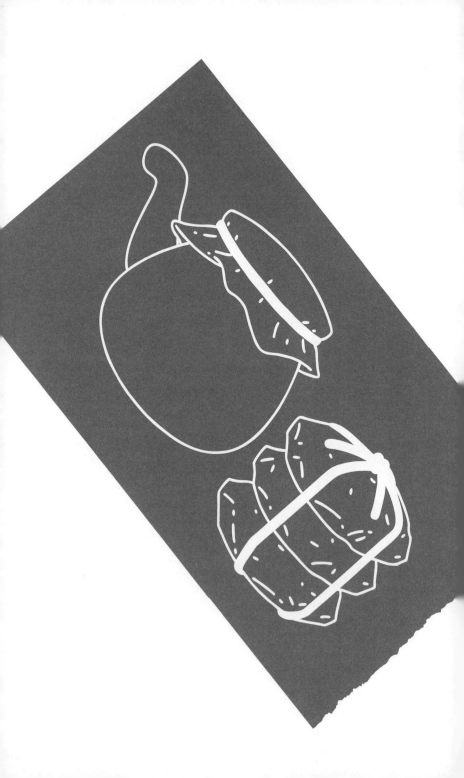

2부

갓생 살려다 번아웃

허리가 아파도 고기는 못 참지
세종

약사의 맞춤 처방전

성명	이도
출생	1397년 5월 15일
사망	1450년 4월 8일
주소	한성부 경복궁 근정전
직업	조선 4대 왕
증상	허리를 펴기 힘듦 목이 자주 마름 눈이 침침해 글씨를 읽기 어려움
진단	강직성 척추염 당뇨병 포도막염 임질
처방 의약품	아달리무맙(adalimumab)
특이사항	공부 천재 만재 아파도 출근하는 워커홀릭 고기 러버

"몸이 아프면 쉬는 것이 당연하거늘 어찌 병상에 눕고도 손에서 책을 놓지 못하느냐. 여봐라, 방의 모든 책을 치우도록 하라."

"아니 되옵니다. 아바마마. 멈춰주옵소서!"

왕의 명 한마디에 궁중 나인들이 들어와 방 안 가득 쌓여있는 책들을 치우기 시작했다. 한 권 한 권 얼마나 손을 탔는지, 표지가 전부 너덜너덜한 상태였다. 충녕대군은 한시라도 책을 손에서 놓지 못하는 책벌레였다. 병에 걸려 몸져누웠을 때도 책 읽을 시간이 생겼다며 오히려 기뻐했다. 그러자 이를 걱정한 아버지 태종은 직접 신하들에게 책을 없애도록 명했다. 독서 시간을 빼앗긴 충녕대군에게는 청천벽력과 같은 일이었다. 그러나 그는 다행스럽게도 병풍 뒤에서 책 한 권이 떨어져 있는 것을 발견했다. 책의 이름은 《구소수간歐蘇手簡》. 송나라 문인인 구양수와 소식이 주고받은 서간을 묶은 책이다. 대군은 기쁜 마음으로 책을 읽고 또 읽기 시작했다. 광적으로 책을 사랑했던 충녕대군. 그가 바로 우리가 알고 있는 세종대왕이다. 조선 시대의 역사서《연려실기술燃藜室記述》은 세종이 《구소수간》을 100번이고 1,000번이고 읽을 정도로 애독했다고 전한다.

고3보다 가혹한 세자의 하루

조선 왕들은 공부를 얼마나 했을까? 한 나라를 다스리는 사람으로서 왕은 모든 것을 잘하는 만능 엘리트가 되어야 했다. 경제·문학·과학·법·철학·무술 등등 죽을 때까지 공부해도 알아야 하는 것은 너무나 많았기에 왕은 기나긴 시간을 공부를 하며 보내야 했다. 임금은 아침 일찍 일어나 신하들과 조회를 한 후 국정을 운영했다. 틈틈이 경연經筵이라고 하는 정치 토론도 했다. 이뿐만 아니라 각종 예식과 행사까지 주관해야 했기에 여간 바쁜 삶이 아니었다. 엄청난 격무를 반증하듯 조선 임금들은 평균수명이 짧은 편이다. 평생 앉아서 공부나 회의만 하는 생활 습관이 건강에 큰 영향을 끼쳤을 것이다.

왕의 자질을 갖추기 위해 세자가 받는 조기교육 역시 가혹했다. 대한민국 학생들의 살인적인 공부량은 모든 이가 혀를 내두를 정도지만, 과거 세자들의 생활에 비교하면 양호한 편이다. 세자는 매일 새벽 3시에 일어나 왕실 어른들에게 문안 인사를 올리며 하루를 시작했다. 그리고 밤 9시에 잠자리에 들기까지 아침 공부인 조강부터 정오 공부인 주강, 오후 공부인 석강까지 하루 세 번의 공부 시간을 소화했다. 야대夜對라고 하는 야간 보충 수업도 있었다. 세자는 공부하는 중간중간에 조정의 신하들과 회의하고 국정 운영에도 참석했다. 오늘날 중간고사, 기말고사처럼 시험도 치렀다. 매일 쪽지시험이 있었으며 월 1~2회 회강會講이라는 종합평가도 있었다. 회강에는 왕도 참석해서 세자의 공부를 직접 점검했다. 세자를 교육하는 강사진도 최정예로 뽑았다. 최고 책임자는 정1품 벼슬인 영의정·좌의정·우의정 중 한 명이었고 교사는 20여 명의 관리로 이뤄졌다. 지금으로 치면 총리가 직접 교육을 맡은 셈이니 왕실에서 자식 공부를 얼마나 중요하게 생각했는지 알 만하다. 우리나라 부모의 뜨거운 교육열은 예로부터 전통처럼 이어져 왔던 셈이다.

하지만 모든 세자가 공부 스트레스를 잘 버텨낸 것은 아니었다. 공부를 등한시하고 사냥과 음주, 가무를 즐기다가 폐세자가 되기도 했고 극심한 스트레스로 정신병을 얻기

조선의 세자가 공부한 공간인 창덕궁의
성정각. 세자는 밤낮으로 어마어마한 분량의
공부와 잦은 시험을 소화해야 했다.
중간중간 국정 운영을 위한 신하들과의
회의에도 참석하면서 눈코 뜰 새 없는
하루하루를 보냈다.

도 했다. 그러나 우리 주변에는 타고난 머리로 '공부가 제일 쉬웠어요'라고 말하는 특이한 친구들이 가끔 있다. 세종 역시 공부에는 천부적인 재능과 흥미를 보인 인물이었다.

공부가 제일 쉬웠어요

세종은 태종과 원경왕후 민씨 사이에서 태어난 셋째 아들로 날 때부터 왕세자는 아니었다. 세종 위로 두 명의 형이 더 있었기 때문이다. 그래서 어린 시절에는 왕좌보다는 독서와 공부에 관심을 보였다. 세종은 어릴 때부터 영특하기로 유명했는데, 3세 때부터 글자를 깨쳐서 형들이 글을 쓸 때 옆에서 훈수를 둘 정도였다고 한다.

사실 아버지 태종은 첫째 아들인 양녕대군이 왕위에 오르길 바랐다. 장자가 왕위를 계승하는 것은 유교 국가의 정통성 확립에도 중요한 데다 장자가 왕이 되지 못하면 다른 형제들이 왕위를 놓고 다투리라 생각했기 때문이다. 그러나 양녕대군은 세자로서 해야 하는 엄청난 양의 공부에 부담을 느꼈다. 점차 공부를 등한시하기 시작해 사냥과 술, 여색에 빠졌다. 결국 양녕대군의 일탈에 두 손 두 발을 다 들게 된 아버지 태종은 양녕대군 대신 둘째인 효령대군을 왕위에 앉히고자 했다. 그러나 효령대군은 불교에 심취해 있었다. 유교 국가인 조선에서 불교를 믿는다는 것은 왕위를 잇지 못한다는 뜻이었다. 이에 태종은 평소 영특했던 셋째 아들을 왕위에 앉히게 되었다. 이렇게 해서 충녕대군은 세자가 되었고, 21세가 되던 해에 왕위에 올랐다. 세종은 셋째였는데도 어진 인격과 남다른 영특함으로 태종에게 왕으로서의 자질을 인정받아 왕위를 이을 수 있었다. 그의 깊고 예리한 질문 앞에서는 당시 정승들도 꼼짝을 못했다고 한다.

각종 설문에서 '한국의 위대한 인물 1위'에 단골로 뽑힐 만큼 세종은 조선의 발전에 크게 기여했다. 농업부터 과학·문화·예술에 이르기까지 손대지 않은 분야가 없었다. 그는 백성에게 농사법을 알려주는 《농사직설農事直說》과 음악서인 《정간보井間譜》를 비롯한 다양한 서적을 편찬했으며 장영실과 함께 해시계 앙부일구, 물시계인 자격루를 발명했다. 이뿐만 아니라 로켓형 무기인 신기전과 화차를 개량하고 4군 6진을 개척해 국방까지 튼튼히 했다. 특히 세종은 신하들과 성리학을 공부하고 정책을 토론하는 경연을 중요하게 여겼다. 그래서 정책과 학문을 연구하는 기관인 집현전을 지어 수많은 인재를 영입했으며, 늘 신하들의 의견을 적극적으로 물어보고 국정 운영에 반영했다. 늦은 밤까지 집현전에서 공부하다가 잠든 신숙주에게 직접 곤룡포를 덮어주었다는 이야기는 그가 신하들을 얼마나 아끼고 중요하게 생각했는지 보여준다. 물론 그 늦은 시간까지 업무를 보던 세종 역시 보통 인물이 아니었다.

세종은 나라를 다스리는 모든 분야에서 진보를 이끌었다. 그런데 더 놀라운 사실은 세종이 임금의 직무를 수행하기에 치명적인 질병을 앓고 있었음에도 다른 임금들보다 많은 업적을 이루었다는 점이다.

걸어다니는 종합병원

> 내가 풍병을 얻은 것은 지난번 경복궁에 있을 때라 여겨진다. 한창 더운 여름철 한낮 2층에 올라갔다가 창문 앞에 누워 잠깐 잠들었는데 두 어깨 사이가 찌르는 듯 아팠다. 이튿날 회복되었는데 그 후 4, 5일이 지나자 또 통증이 오고 밤사이 약간 부어오르기도 했다. 그 뒤부터는 시도 때도 없이 발작해서 지금까지 이어지고 있으니 아무래도 숙병이 된 거 같다. 《세종실록》 13년 8월 18일

모든 학문에서 만능이고 뛰어난 성과를 이룬 세종이었지만 정작 본인의 몸을 건사하는 데는 지혜롭지 못했다. 세종은 왕위에 등극한 21세 무렵에는 건강했지만, 그 이후로는 임금이 걸릴 수 있는 거의 모든 병에 걸렸을 만큼 잔병치레가 많았다.

내가 젊어서부터 한쪽 다리가 치우치게 아파 10여 년에
이르러 조금 나았는데, 또 등이 부종으로 아픈 지 오래다.
(중략) 또 소갈증(당뇨병)을 앓은 지 열서너 해가 되었다.
(중략) 지난해 여름에 또 임질을 앓아 오래 정사를 보지
못했다." 《세종실록》 21년 6월 21일

실제 기록에도 그가 아팠다는 내용이 100회나 나올 정
도다. 세종은 임질·당뇨병·요통·중풍·안구 질환 등등 다양
한 질병에 시달렸는데 그중에서도 허리와 무릎 통증은 어릴
때부터 그를 괴롭히는 고질병이었다. 세종은 신하들에게 군
사력의 중요성을 늘 설파했지만, 정작 본인은 신체 활동에
그다지 적극적이지 않았다. 조선을 건국한 전주 이씨 가문
은 대대로 말타기를 좋아했지만 세종은 말타기를 꺼렸다.
운동은 싫어하는데 고기는 못 말릴 정도로 좋아하는 육식파
라서 그의 몸은 늘 통통했다. 무거운 몸으로 오랜 시간 앉아
서 책을 읽고 공부를 하니 더욱 허리와 무릎에 부담이 되었
을 것이다. 세종은 한창 뛰어다닐 나이인 20대부터 무릎 통
증을 호소했고 30대에는 허리가 너무 아파 걷기도 힘들어
했다. 중국 사신에게 예를 행하기 위해 허리를 굽혔다가 극
심한 통증 때문에 차마 인사를 마치지 못했다는 기록도 있
다. 40대에 들어서는 눈 건강까지 나빠졌다. 안구 통증이
심해졌다가 괜찮아지기를 반복했다고 한다.

전문가들은 20대의 젊은 나이일 때부터 증상이 나타난 점, 3개월 이상 통증이 계속되었다는 점, 여러 다른 장기에서도 이상이 나타났던 점에서 미루어 세종이 어릴 때부터 '강직성 척추염'을 앓았다고 추측하고 있다.

인체의 기둥이 굳어가는 병

우리 뼈에서 가장 경이로운 기관은 척추가 아닐까? 척추는 인체의 기둥이다. 몸을 움직일 때 균형을 잡는 중심축이면서 뇌와 몸을 잇는 신경계의 통로 역할을 한다. 누군가 교통사고로 허리를 심하게 다쳐 평생 두 팔과 다리가 마비된 채 살게 되었다는 안타까운 뉴스를 접할 때가 있다. 그만큼 허리는 중요하다.

강직성 척추염은 척추에 염증이 생겨 통증과 운동장애를 겪는 '자가면역질환'이다. 자가면역질환은 인체를 지키는 역할을 하는 면역세포가 네 편 내 편을 구분하지 못하고 자기 몸을 공격하는 질환을 말한다. 흔히 허리나 관절 통증을 '퇴행성 질환'이라고 생각한다. 나이가 들며 근육과 뼈가 노화한 탓에 아프다고 생각하는 것이다. 그런데 류머티즘성 관절염과 강직성 척추염은 주로 유전되거나 면역학적 요인의 영향을 받는다. 현재 밝혀진 바로는 HLA-B27이라는 유전자를 가지고 있는 사람이 강직성 척추염이 생길 확률이 높다고 한다. 그러나 병의 원인이 아직 명확하지는 않다.

강직성 척추염은 나이가 들어서 생기는 다른 퇴행성 질환과 달리 가장 팔팔할 것 같은 20~30대 때 많이 발생한다. 초기에는 허리 아래쪽과 골반이 뻣뻣해지고 붓는다. 그리고 통증이 잠깐씩 생겼다가 사라지는 것을 반복한다. 만약 오랜 시간 앉았다가 일어날 때 허리가 뻐근하고 골반이 아픈 증상이 3개월 이상 이어진다면 강직성 척추염을 의심해볼 수 있다.

앉아서 업무를 보는 사람들이 많아지면서 강직성 척추염 환자는 나이를 막론하고 꾸준히 늘고 있다. 건강보험심사평가원에 따르면 2015년 3만 8,469명이었던 환자 수는 2019년 4만 7,197명으로 증가했다. 해마다 10%씩 늘고 있는 셈이다. 그중 30대 남성의 비율이 가장 높다고 한다. 안타깝게도 강직성 척추염 환자들은 질환을 방치하다 늦게 병원을 찾는 경우가 많다. 통증을 허리디스크나 단순한 근육통으로 생각하기 때문이다. 근이완제나 파스를 달고 지내다가 통증이 점점 심해지고 자주 나타날 때가 되어서야 검사를 받고 보통 병이 아님을 알게 된다.

강직성 척추염이 무서운 이유는 척추에만 국한되지 않고 다양한 합병증을 가져온다는 것에 있다. 특히 환자의 40%는 안구에 염증이 생기는 포도막염까지 앓아 시력장애를 겪거나 실명할 수 있다. 그리고 폐·신장·소장·대장·심장까지 염증이 번지면 고혈압·고지혈증·심장병·당뇨병 등 여러 질환으로 이어진다.

지푸라기라도 잡는 심정으로

여기서 세종대왕이 강직성 척추염으로 어떤 질환을 앓았는지 추측해볼 수 있다. 20대부터 어깨 사이에 통증이 생겼다. 30대에는 척추 통증이 극에 달해서 움직이기조차 힘들었다. 척추의 염증 때문에 움직이기 힘드니 세종은 운동과 말타기를 더욱 피했을 것이다. 그리고 이 염증은 다른 기관으로 퍼져 당뇨병과 종기, 피부질환, 안구 통증을 일으켰을 것이다.

세종의 생활 습관은 강직성 척추염을 더욱 악화시켰다. 딱딱한 왕좌에 종일 앉아서 국정을 운영하고 온종일 책을 보며 공부했으니 허리와 척추에 부담이 되었을 것이다. 퇴행성 질환과 다르게 강직성 척추염은 운동을 하면 통증이 가라앉는다. 그래서 현재도 환자에게 물리치료를 병행하고 스트레칭과 적절한 운동을 할 것을 권장한다. 만약 이런 사실을 조선의 어의들도 알았다면 세종에게 운동을 열심히 하고 몸을 자주 움직이라 권했을 텐데 당시에는 관절이 약해서라고 생각했다. 그래서 세종은 실내에서 주로 생활했으며 어쩌다가 움직일 때도 항상 가마를 타고 다녔다. 말년에는 다리가 너무 아파서 움직일 때 항상 신하의 부축을 받아야 했다.

세종은 허리 통증을 치료하기 위해 침을 맞고 탕약도 많이 먹었지만 별다른 차도가 없었다. 그래서 민간신앙에도 많이 의존했다. 세종은 병을 낫게 하려고 불교의 약사불 앞에 절을 올려 사대부들을 놀라게 했다. 약사불은 불교에서 질병을 치유하고 수명을 연장해주는 부처다. 유교 국가인 조선에서 임금이 불상에 절을 한다는 것은 나라의 근간을 흔드는 일이었다. 심지어 궁궐로 무당을 불러서 역신을 쫓아내는 푸닥거리를 했다는 기록도 있다. 세종대왕도 극심한 통증 앞에서는 지푸라기라도 잡고 싶은 심정이었으리라. 그러나 이는 백성과 조선을 걱정하는 절박한 마음이기도 했다. 세종은 말년에 허리 통증이 심해지자 "과인이 본보기를 보여야 하는데 병 때문에 오랫동안 정사를 보지 않았다", "게으른 버릇이 시작될까 두렵다"라고 말했다. 그만큼 조선의 미래를 끝없이 걱정했고, 정사를 제대로 돌볼 수 없는 스스로에게 답답함과 슬픔을 느낀 것이다. 아픈 몸 때문에 모든 것을 내려놓고 싶은 순간도 있었지만 세종은 마음을 다잡고 국정 운영에 힘썼다.

한 가지 병이 겨우 나으면 한 가지 병이 또 생기니 나의 쇠

로함이 심하다. 나는 큰일만 처리하고 작은 일은 세자로 하여금 처리하게 하고자 하나, 너희들과 대신들이 모두 말리기에 내가 다시 생각하매, 내가 비록 병이 많을지라도 나이가 아직 늙지 아니하였으니, 내가 가볍게 말을 낸 것을 후회한다. 《세종실록》 21년 6월 21일

세계에서 가장 많이 팔리는 약

만약 세종이 지금 살아 있다면 어떤 치료를 할 수 있을까? 아쉽지만 현재까지도 강직성 척추염을 완치할 수 있는 치료제는 없다. 하지만 현대 의학 기술로 척추의 염증을 조기에 진단할 수 있으며 증상을 눈에 띄게 완화해주는 약물도 있다. 먼저 병을 정확하게 진단하기 위해서는 척추 엑스레이 촬영을 해야 한다. 자기공명영상MRI, Magnetic Resonance Imaging 촬영을 하면 더욱 빠르게 발견할 수 있다. 그리고 혈액 속 염증 수치를 확인하는 혈액 검사와 유전자 검사를 진행해 강직성 척추염을 최종 진단할 수 있다.

그렇다면 강직성 척추염을 앓는 세종에게 현대 의학은 어떤 약을 권할까? 20년 전만 해도 통증을 줄이는 데는 소염진통제나 염증을 막는 스테로이드제 말고는 마땅한 약이 없었다. 물론 진통제도 없던 조선 시대와 비교하자면 엄청

난 발전이지만, 잠깐만 통증을 막는 임시방편일 뿐이었다. 하지만 1998년에 '생물학적 제제'가 개발되고 나서는 획기적인 치료가 가능해졌다. 생물학적 제제는 생물이 만든 물질로 제조하는 의약품을 말하는데 여기에는 혈청·항생제·백신 등이 있다. 그중에서도 TNFTumor Necrosis Factor 억제제는 강직성 척추염과 그 합병증인 염증 반응을 억제하는 데 가장 많이 쓰는 약물이다.

세상에는 수많은 약이 있다. 그럼 그중에서 매출액이 가장 큰 약은 무엇일까? 제약회사 애브비AbbVie가 개발한 TNF 억제제인 휴미라Humira 주사제가 부동의 매출액 1위를 차지하고 있다. 일반인들에게는 익숙하지 않겠지만 이 약은 크론병, 건선, 류머티즘성 관절염, 궤양성 대장염 등 여러 자가면역질환에 치료제로 쓴다. 다양한 실험과 임상 결과를 바탕으로 꾸준히 쓰이고 있는 약물이다. 우리나라에서도 강직성 척추염 환자에게 휴미라를 가장 많이 쓴다. 휴미라의 주요 성분은 아달리무맙adalimumab으로 우리 몸의 염증 반응을 줄이는 역할을 한다. 2주에 한 번씩 주사를 맞아야 하는 번거로움이 있지만, 효과는 뛰어나다. 환자의 염증 활성도를 잘 조절하면서도 인체 기관의 손상은 크게 일으키지 않아서 인체 기능이 떨어지지 않는다. 그래서 놀라우리만치 환자의 삶의 질을 높여준다.

염증 반응을 억제하는 연구가 꾸준히 이루어지면서

광화문광장에 있는 세종대왕 동상. 세종은
젊은 시절부터 독서와 공부에 몰입하는 대신
운동은 좋아하지 않았다. 건강을 위해
일어나서 스트레칭과 운동 좀 하시라 권하고
싶다.

2015년에는 인터루킨-17A 억제제, 인터루킨-23 억제제라는 새로운 생물학적 제제도 등장했다. 인터루킨interleukin이란 인체의 면역반응에 필요한 신호물질이다. 우리 몸에서 인터루킨이 과하게 작용하면 면역반응 역시 지나치게 일어나서 자가면역질환 증상이 나타난다. 인터루킨 억제제는 인터루킨의 작용을 막아 과도한 면역반응을 억제하기 때문에 강직성 척추염의 치료제로 새롭게 각광받고 있으며, TNF 억제제로 치료가 힘든 환자에게 대안으로 쓰인다. 현재 우리나라에서는 이런 비싼 약들에도 건강보험 혜택을 적용하니 세상 참 좋아졌다는 생각이 든다.

역대 임금 중 최고의 워커홀릭이자 책벌레였던 세종대왕은 31년 6개월 동안 조선을 다스리다가 1450년, 52세의 나이로 생을 마감했다. 재위 기간 내내 크고 작은 병과 싸우며 지내야 했기에 그의 삶은 어찌 보면 참 안타깝다. 만약 물리치료와 운동, 약물 요법으로 허리 통증을 조금이라도 줄일 수 있었다면 아마 말년에도 더 많은 업적을 이루지 않았을까? 지금도 광화문광장에 가면 딱딱한 용상에 앉아 있는 세종대왕을 볼 수 있다. 일어나서 스트레칭과 운동 좀 하시라 권하고 싶다.

앓아누운 세계사_이집트 미라에 남은 질병의 흔적

어릴 적 〈미라〉라는 영화를 보고 무서움에 잠을 설쳤던 기억이 난다. 죽은 사람의 시체를 가공 처리해 만든 미라는 무시무시하면서도 신비로운 유물이다. 수많은 이집트 왕족의 시신이 미라로 만들어져 오늘날까지도 보존되어 오고 있다. 고대 이집트인들은 미라를 죽은 사람의 영혼이 현세로 다시 돌아올 때 정착하는 그릇이라고 믿었다. 그런데 미라는 의학자들에게 고대인의 신체를 조사할 때 살펴볼 수 있는 좋은 연구 자료가 되기도 했다.

건강검진을 받거나 정형외과에 갔을 때 한 번쯤은 엑스선을 촬영했을 것이다. 1895년 독일의 과학자 빌헬름 뢴트겐이 처음 발견한 이후로 엑스선은 현재까지도 영상의학 분야에서 인체 내부를 촬영할 때 쓰고 있다. 엑스선의 발견으로 많은 과학자가 피부를 가르지 않고도 사람뿐만 아니라 동물을 비롯한 다양한 사물의 내부 구조를 관찰할 수 있게 되었다. 그중에는 이집트의 미라도 있었다. 특히 18~20왕조의 미라는 보존 상태가 훌륭해서 관찰하기 좋았다. 의학자들은 이 미라들에서 특이한 뼈 구조를 발견했다. 이집트 파라오였던 아멘호테프 2세Amenhotep II, 람세스 2세Ramesses II, 메르넵타Merenptah 왕세자의 척추가 특이하게 굽고 변형되었던 것이다. 학자들은 이 미라들의 뼈를 보고 고대 이집트 파라오들이 세종대왕과 같은 강직성 척추염을 앓고 있었다고 결론 내렸다.

하지만 시간이 흘러 이집트의 사하르 살림Sahar Saleem 박사의 연구팀은 연구 결과에 의문을 품고 미라 연구를 다시 시작했다. 강직성 척추염은 비교적 젊은 나이에 생기는데 세 명의 파라오는 고령의 나이에 사망했기 때문이다. 게다가 강직성 척추염에 대한 기록도 없었다. 연구팀은 기원전 1492년에서 기원전 1153년 무렵의 이집트 미라 열세 구를 촬영했다. 촬영은 엑스선이 아닌 컴퓨터 단층촬영CT, Computed Tomography으로 이루어졌다. CT는 엑스선 촬영보다 더 발전된 형태의 기술이다. 두 기술 모두 방사선을 활용한다는 공통점이 있지만, 엑스선은 한쪽에서만 찍은 2차원 이미지를 보여주는 데 비해 CT는 360도 회전하며 3D 이미지를 찍으므로 훨씬 더 정확한 진단이 가능하다.

CT 촬영을 통해 살펴본 결과 살림 박사팀은 세 명의 파라오가 강직성 척추염이 아닌 '특발성 골격뼈 과다증'을 앓았다고 진단했다. 척추의 모양을 관찰해보니 강직성 척추염 특유의 관절 침식이 보이지 않았기 때문이다. 골격뼈 과다증은 강직성 척추염과 달리 나이가 들면 찾아오는 퇴행성 질환이다. 나이가 많은 남성에게 잘 나타나고, 염증이 적으며 별다른 통증이 없다. 따라서 세 파라오들은 척추질환으로 크게 고통받지 않았을 것으로 추측된다.

오랜 기간 죽은 자들에게 내려져 있던 오진은 CT 촬영
이라는 새로운 기술 덕분에 정정될 수 있었다.

약사의 맞춤 처방전

성명	이혈
출생	1457년 8월 19일
사망	1495년 1월 20일
주소	한성부 경복궁 근정전
직업	조선 9대 왕
증상	배가 자주 아픔 설사가 잦음 배꼽 밑에 큰 덩어리가 잡힘 병상에 누워 3개월 동안 일어나지 못함
진단	대장암
처방 의약품	항암치료제 폴폭스(FOLFOX)
특이사항	'낮져밤이'가 인생 모토 16남 12녀의 자식 부자 큰 술잔을 좋아하는 알코올대마왕

1479년 6월의 어느 날 밤, 중전 윤 씨는 화가 단단히 난 채로 왕의 처소에 들이닥쳤다. 아무리 왕비라도 임금의 침소에 함부로 들어가는 건 왕실 법도에 어긋나는 법. 그러나 중전에게는 신하들의 만류도, 궁녀들의 첨언도 들리지 않았다. 신하들을 뒤로한 채 중전은 왕의 침소 앞에 다다랐다. 어두운 방과 복도를 나누는 문지방 사이로 금방이라도 깨질 듯한 침묵이 흐르고 있었다. 중전이 문을 거칠게 열어젖혔다. 아니나 다를까. 방 안으로 들어가는 희미한 빛줄기는 서로 부둥켜안고 있는 왕과 후궁을 비추었다. 중전 윤씨는 순간 이성을 잃었다.

"네 이년! 오늘이 무슨 날인 줄 알고 하는 짓거리냐!"

"중전마마, 용서하시옵소서!"

"이 요망한 년이 전하께 꼬리를 쳐서 나를 능멸하다니 너는 오늘 죽은 줄 알아라."

곧이어 왕 앞에서 왕비와 후궁이 머리채를 뜯으며 싸우는 아수라장이 벌어졌다. 임금 성종은 너무나 순식간에 벌어진 일에 어안이 벙벙해져 있다가 이내 두 사람을 뜯어말리기 시작했다.

"중전, 이게 뭐 하는 짓이오. 그만두지 못하겠소?"

"놓으십시오, 전하. 이런 수모, 더는 참을 수 없습니다."

"그만두라 하지 않소!"

왕의 손을 뿌리치려는 왕비의 손이 임금을 얼굴을 할퀴고 지나갔다. 순간 왕도, 왕비도 당황한 기색이 역력했다. 왕의 얼굴인 용안에 상처를 내다니, 아무리 중전이라 한들 용서할 수 없는 큰 죄였다. 화가 머리끝까지 차오른 성종은 다음날 신하들을 모아놓고 말했다.

"근래 중전의 기행이 극에 달했소. 한 나라의 왕비이기에 내 그간 눈감아줬으나 이제 과인에게 상처까지 입힐 정도로 그 패악질이 너무나 과하니 더 지켜볼 수 없소. 이에 윤씨를 폐서인으로 명하오."

"전하, 어린 세자 저하를 위해서라도 참아주시옵소서. 어머니 없이 자란 세자가 훗날 조선 종사에 큰 화를 불러일으킬까 두렵사옵니다."

신하들의 간절한 청에도 성종은 막무가내였다. 결국,

중전 윤씨는 폐비가 되어 궁에서 쫓겨났다. 자신의 생일 바로 다음 날 일어난 일이었다. 궁궐에 있던 어린 세자는 영문도 모른 채 하루아침에 어머니를 잃게 되었다. 신하들은 만날 수 없는 어미를 부르짖으며 하염없이 우는 세자를 애써 외면했다. 이 아이가 훗날 조선 왕실에 피바람을 불러올 연산군이 될지는 아무도 예상하지 못했다.

《조선왕조실록》은 폐비 윤씨가 성격이 포악하고 성종이 아끼던 후궁과 다른 부인들에게 질투심이 많아 이런 사달이 났다고 전하고 있다. 하지만 이것이 비단 중전 개인의 문제였을까? 중전이 점점 화를 낸 데는 오히려 성종의 탓이 컸다. 임금의 과도한 음주와 여성 편력 때문에 왕비의 마음속 깊이 울분이 쌓였던 것이다. 그리고 왕은 왕비뿐만 아니라 스스로를 갉아먹고 있었다. 술을 마시며 유흥을 즐기는 왕의 몸 속에는 소리 소문 없이 암이 자라고 있었다.

한국인이 잘 걸리는 암

인간의 몸은 수많은 세포로 이루어져 있다. 세포들은 각자 할 일을 하면서 끝없는 탄생과 죽음을 반복한다. 오래된 세포가 죽는 만큼 새로운 세포가 탄생하는 것이다. 우리 몸은 알아서 일정한 세포 수를 유지하는 신기한 재주를 부린다.

만약 이런 능력이 없다면 우리는 끝없는 세포분열 때문에 나이가 들수록 몸이 한없이 비대해지거나 더 빨리 죽음을 맞이했을 것이다. 그런데 간혹 생성과 죽음의 순환을 거스르는 돌연변이가 생긴다. 바로 죽지 않고 끝없이 분열하는 '종양'이다. 종양은 한자리에서 그대로 존재하는 경우가 대부분이지만 몇몇 악질적인 녀석들은 다른 기관으로 퍼져나간다. 이를 '악성종양'이라 부른다. 악성종양이 인체의 다른 기관으로 퍼지고 점점 커지면 결국 몸 전체를 망가뜨리고 나중에는 생명을 위협하는 질병이 된다. 이것이 바로 우리가 '암'이라 부르는 질병이다. 암은 한국인의 사망 원인 1위다. 그만큼 우리와 아주 가까운 질병이다. 독자 여러분도 누군가 암으로 세상을 떠났다는 소식을 많이 접했을 것이다. 어쩌면 가족이나 친구가 암으로 투병하거나 목숨을 잃었을지도 모르겠다. 보건복지부에 따르면 우리나라 국민이 평균수명인 83세까지 살 때 암에 걸릴 확률은 37.9%라고 한다. 우리가 평균수명만큼 산다면 어떤 암에 걸릴지 모르는 일인 것이다.

암은 어느 기관에나 생길 수 있는 만큼 종류도 다양하다. 2019년 기준 한국인이 제일 많이 걸리는 암은 순서대로 갑상선암·폐암·위암·대장암·유방암·전립선암·간암이다. 그중에서도 유독 한국인이 잘 걸리는 암이 있다. 바로 대장암이다. 국제암연구소가 세계 184개국을 대상으로 조사한 바에 따르면 우리나라 인구의 10만 명당 45명이 대장암에 걸린다. 이는 대장암 발병률 세계 1위라고 한다. 다행히도 대장암은 초기에 발견하면 5년 내 생존할 확률이 90%에 이를 정도로 치료 성공률이 높다. 문제는 초기에 발견하기가 매우 어렵다는 점이다. 대장암은 초기일 경우 증상이 거의 나타나지 않는다. 그러다 혈변을 보거나 식욕이 떨어지고 체중이 줄어드는 이상을 느끼고 나서야 검사를 통해 암을 발견하는데, 이때는 이미 암이 상당히 퍼진 경우가 많다.

한국 사람이 유독 대장암에 잘 걸리는 이유는 뭘까? 전문가들은 우리나라 특유의 맵고 자극적인 음식 그리고 과도한 음주 때문이라고 본다. 한국 사람의 술 사랑은 유명하다. 각종 모임이나 회식에 술이 빠지지 않는다. 음주가 반강제적이었던 옛 문화가 많이 사라졌다고 하지만 여전히 주량은 사회성의 척도로 여겨지고는 한다. '많이 그리고 자주 마시는' 한국 특유의 폭음 문화도 대장암 환자가 늘어나는 데 한몫하고 있다. 술과 함께 먹는 안주 역시 맵고 짜고 기름진 음식이 많으니 한국인의 위장이 온전하기는 쉽지 않다. 여기에 스트레스와 흡연, 가족력도 대장암의 주요 원인이다.

낮에는 성군, 밤에는 폭군

성종은 조선의 아홉 번째 왕이다. 성종 시대는 '조선 초기의 마지막 태평성대'라 불릴 만큼 큰 국가적 발전과 평화로운 치세가 이어진 시기였다. 성종은 평소 성품이 어질었고 국정 운영 능력 또한 대단했다. 공부·글쓰기·그림·무예 등의 분야에서 고루 두각을 드러낸 만능인이었다. 선대 왕들이 이루어놓은 업적들을 이어가겠다는 열망으로 그 역시 수많은 문화유산과 정치적 업적을 남겼다. 조선 고유의 법전인 《경국대전經國大典》, 지리서 《동국여지승람東國輿地勝覽》과 《동국통감東國通鑑》이 모두 이때 발간되었다. 성종은 《악학궤범樂學軌範》이라는 음악 백과사전도 편찬해 조선 문화의 르네상스를 이끌었다.

성종은 사실 얼떨결에 왕이 된 인물이었다. 아버지 의경세자가 어린 나이에 죽었고 그를 이어 왕이 된 숙부 예종마저도 갑자기 사망하는 바람에 예기치 않게 왕이 되었다. 그런 성종에게 왕의 자리는 큰 부담이었다. 그런 만큼 성종은 왕으로서 본분을 다하기 위해 최선을 다했다. 왕과 신하가 함께 정치를 공부하고 토론하는 경연을 부활시키고, 경연에 좀처럼 빠지지 않고 참석해 신하의 활발한 참여를 몸소 독려했다. 성종은 재위 기간 25년 동안 무려 9,000회가 넘는 경연을 열었다고 전해진다. 그리고 신하 간 힘의 균형을 유지하는 데도 많은 노력을 기울였다. 할아버지 세조가 왕위에 오르는 데 도움을 준 신하들인 훈구파와 훈구파를 비판하는 세력인 사림파를 골고루 등용해 두 당파가 서로를 견제하게 했다. 이를 통해 성종은 왕권을 굳건히 다질 수 있었다.

그런데 태평성대를 이끄는 데 따르는 부담과 스트레스도 너무나 컸다. 평소 정력과 힘이 넘쳤던 왕이 스트레스를 푼 방법은 음주, 가무 그리고 여색이었다. 그는 평소 술을 아주 좋아했다. 그래서 기회가 될 때마다 친인척과 사신들을 초청해서 술자리를 가지거나 연회를 열었다. 특히 그는 큰 잔에 술을 따라 마시는 것을 즐겼다. 술에 취하면 큰 잔에 담은 술을 신하들에게도 마시게 해서 화가 난 종친이 술잔을 몰래 깨뜨렸다는 일화가 전해진다. 성종은 여성 편력도 심했다. 그에게는 열두 명의 부인이 있었고 37세 때는 슬하에 16남 12녀나 되는 자식들이 있었다. 한 나라의 왕이 기생을 궁궐로 들여서 노는 일은 임금의 체통을 지키기 위해 금지되었지만, 성종은 종종 기생들과 궁궐에서 술판을 벌였다고 한다. 덕분에 성종에게는 주요순 야걸주晝堯舜 夜桀紂라는 별명이 붙었다. 낮에는 요순 같은 성군, 밤에는 걸주와 같은 호색가였다는 말이다. 오늘날의 '낮져밤이'와 비슷하다고 할까? 성종은 두 얼굴의 왕이었다. 평화로운 시대의 궁궐 한편에는 술을 마시고 여자와 노는 퇴폐적인 풍조가 점차 자리 잡고 있었다.

이는 조선 왕실에 또 다른 문제를 불러일으켰다. 평소 성종의 여성 편력에 진저리를 친 인물이 있었는데 바로 중

조선 왕실에서 연회를 열 때 사용한 장소인
경복궁 경회루. 성종은 평소 술을 매우
좋아해서 기회가 될 때마다 가족, 신하, 사신
들을 초청해 잔치를 열었다.

전 윤씨였다. 중전 윤씨는 처음에는 왕과 왕실 어른들의 사랑을 독차지할 정도로 현모양처였지만, 점점 성종의 엇나간 쾌락과 유흥에 진절머리가 났다. 성종은 중전을 두고 다른 후궁의 처소를 드나들었다. 심지어는 왕이 밤중에 궁궐을 몰래 나가 기생집에서 자고 온다는 소문까지 돌았다. 임금의 무관심 때문에 윤씨의 분노는 쌓이고 쌓여서 결국 생일에 폭발하고 말았다. 중전의 생일날, 코빼기도 보이지 않던 성종이 다른 후궁과 정분을 나누고 있었으니 이성을 잃고 임금에게 상처를 입힐 만도 했다. 결국 성종의 음주와 방탕한 생활이 갈등의 화근이었다.

성종의 방탕한 생활이 불러일으킨 문제는 하나 더 있다. 바로 대장암이다. 평소 성종은 잦은 음주 때문에 위장장애가 심했다. 과음한 날 다음에는 설사병이 도져서 화장실을 들락거리기 일쑤였다. 재위하고 25년이 되었을 무렵에는 몸이 수척해지고 약해지기 시작했다. 결국 몸이 심하게 좋지 않아 회의를 취소하기도 했다.

> 오늘은 조계를 정지하니 내가 이질 증세가 있기 때문이다. 지난밤과 오늘 아침에 뒷간에 여러 번 다녔기에 이를 정지한다. 《성종실록》 25년 8월 22일

그렇게 성종은 병상에 누워 3개월 동안 일어나지 못했

다. 당시 의원들은 성종의 몸 안에 암세포가 자라고 있다는 사실을 알지 못했다. 결국 성종은 37세라는 젊은 나이에 숨을 거두었다.

걸리면 속수무책으로 죽는 병

암Cancer이라는 단어는 기원전 400년경 그리스 시대로 거슬러 올라간다. 몸속에서 비정상적으로 자라난 암세포는 마치 게 모양처럼 보였다. 그래서 의술의 아버지라고 일컫는 고대 그리스의 의사 히포크라테스는 게를 뜻하는 'Carcinos'라는 이름을 붙였다. 이것이 훗날 암을 의미하는 영어 단어 'Cancer'가 되었다. 현대 의학은 암이라는 질병을 진단하고 치료하는 기술과 항암제를 꾸준히 개발해왔다. 하지만 여전히 암 치료는 인류가 정복해야 하는 큰 산 중 하나다. 과거에는 암을 진단하는 것조차 힘들었고 어렵게 암을 발견하더라도 마땅한 치료법이 없었다. 암에 걸린 환자는 가만히 요양이나 하면서 남은 생을 버티는 수밖에 없었다.

암은 오랫동안 죽을병으로만 여겨졌다가 19세기 중반에 와서야 치료법이 등장했다. 그 첫 번째가 윌리엄 할스테드William Halsted가 개발한 '근치 유방 절제술'이다. 유방암을 치료하기 위해 고안한 이 수술법은 생각보다 간단하다. 바로 암세포가 생긴 유방과 주변 근육을 절단하는 것이다. 단순하면서도 효과가 확실해서 암을 없애는 데 성공한 첫 번째 방법으로서 큰 의미를 남겼다. 지금도 초기 암 치료에는 암세포와 주변 세포를 잘라내는 외과수술을 가장 먼저 하고 있다. 대장암도 초기에는 항암제를 사용하지 않고 근치적 절제술만으로 완치할 수 있다. 안타깝게도 과거 성종이 살았던 조선 시대에는 암을 치료할 방법이 없었다. 정확히 말하면 암을 진단하는 방법도 없었다.

암 치료만큼이나 중요한 것이 바로 암의 발견이다. 암세포는 다른 기관으로 전이되고 증식하기 때문에 암을 발견하는 시기가 빠를수록 수술 성공률과 환자의 생존율이 높아진다. 현재 대장암을 진단하는 가장 보편적인 검사는 대장내시경 검사다. 항문으로 기다란 내시경을 집어넣어 장 속을 관찰하는 검사는 이미 알고 있거나 해보았을 것이다. 대장내시경 검사는 선종(상피세포에 생기는 악성종양) 같은 위험 요인이 없더라도 5년 주기로 하는 것을 추천한다. 우리 장은 길이가 1.5미터나 되며 일직선이 아닌 구불구불한 구조를 지녔다. 그런데 초창기에 발명된 대장내시경은 구부러지지 않는 긴 막대기 형태여서 구불구불한 장 안을 잘 관찰할 수 없었다. 그러다가 항문으로 구부러지는 내시경을 넣어서 장 속에 있는 암 조직과 용종(암조직으로 발전할 수 있는 작은 혹)을 발견하는 현재의 검사법을 1966년 미국의 윌리엄 볼프William Wolff와 일본의 외과 의사 히로미 신야新谷弘実가 발명했다. 덕분에 카메라가 항문을 통해 들어와도 장이 찢어지지 않을 수 있게 되었다.

암 치료라고 하면 으레 항암제 투여를 먼저 떠올리지만, 대장암 치료의 첫 번째 단계는 수술이다. 그러나 수술을 통해 암세포를 없애더라도 암이 재발할 확률이 낮게는 25%, 높게는 50%나 된다. 그래서 암세포를 잘라낸 다음에 재발을 방지하기 위해 항암제를 사용한다. 암세포가 다른 기관으로 너무 많이 전이되어 수술할 수 없는 경우에도 항암제 투여를 고려해볼 수 있다. 대장암 1기 치료에는 근치적 수술만을 동원하고 2, 3기 환자는 수술 후에 항암 치료나 방사선 치료도 병행한다. 현재 대장암 치료에 쓰는 항암제는 여러 종류가 있지만, 대표적인 항암 치료로 폴폭스FOLFOX 요법이 있다. 류코보린leucovorin, 플루오로우라실fluorouracil, 이리노테칸irinotecan, 옥시플라틴oxaliplatin을 함께 사용하는 방법이다.

현재까지 나온 항암제는 3세대로 나눌 수 있다. 1세대는 일반 세포보다 빨리 자라는 암세포의 특징을 이용하는 항암제다. 하지만 빠르게 자라는 일반 세포도 공격할 수 있다는 부작용이 있다. 자칫 골수세포나 모발, 위장관 세포도 공격할 수 있는 것이다. 옛날 드라마를 보면 머리카락이 모두 빠진 백혈병 환자들이 등장하는데 탈모는 과거 항암제의 대표적인 부작용 중 하나였다. 지금은 많이 사라졌지만 1세대 항암제에는 여전히 백혈구 감소와 더불어 탈모·구토·설사 같은 부작용이 많다. 2세대 항암제는 '표적항암제'로 암세포를 가지고 있는 특정 단백질을 표적으로 삼는 항생제다. 암세포만을 특정해서 공격하기에 부작용도 적고 효과적이라는 장점이 있다. 하지만 가격이 비싸고 약물에 내성이 생긴 암세포가 나타날 수 있다. 2000년대 초반 다국적 제약회사인 노바티스Novatis에서 만성골수백혈병 치료제인 글리벡Glivec을 만든 것을 시작으로 대장암을 치료하는 세툭시맙cetuximab, 폐암을 치료하는 게피티니브gefitinib, 유방암을 치료하는 트라스트주맙trastuzumab 등 다양한 표적치료제가 속속 개발되었다. 3세대 항암제는 '면역치료제'로, 인체의 면역세포를 이용해 암을 치료하는 방법이다. 현재까지는 기존 항암제와 함께 환자에게 투여하여 효과를 보고 있으며, 향후에는 기존 항암제를 완전히 대체할 수 있을 것으로 전망된다.

짧았던 태평성대

《조선왕조실록》에 따르면 성종은 재위 25년이 되는 해에 병상에 누워서 결국 일어나지 못했다. 기록에 따르면 살이 많이 빠지고 기력이 쇠진했으며 배꼽 밑에는 '적취'가 생겼다고 한다. 적취는 몸속에 난 덩어리로 대장에 생긴 암세포라 추측할 수 있다. 성종은 어렸을 때부터 이질과 각종 위장병을 달고 살았으며 술을 자주 마셨으므로 대장암으로 사망했을 것으로 추측된다. 하지만 당시에는 암이라는 질병 자체가 발견되지 않았기에 마땅한 치료책도 없었다. 그가 죽기 전에 의원은 성종에게 청심연자음淸心蓮子飮과 오미자탕을 처방했다. 청심연자음은 연꽃의 열매인 연자와 인삼, 황기 등이 들어가는 약이며, 오미자탕은 피로를 풀 때 쓰는 보약이다. 잦은 과음으로 기가 허해진 성종을 위해 처방되었지만 당연하게도 몸속에 있는 암세포를 치료하기에는 역부족이었다. 결국 성종은 37세라는 이른 나이에 사망하고 말았다.

성종成宗이라는 칭호에서 알 수 있듯이 그가 왕으로 지낸 시대에 조선은 정치·경제·사회적으로 많은 발전을 이루었다. 제2의 세종대왕이라 불렸던 성종이 오랫동안 살았다면 조선의 태평성대가 더 이어지지 않았을까 하는 아쉬움이 든다. 성종의 이른 죽음으로 연산군이 왕위에 오르게 되었다. 연산군은 왕좌에 오르자 자신의 어머니를 궁에서 내쫓은 신하들을 숙청했다. 그는 1498년 무오사화戊午士禍, 1504년 갑자사화甲子士禍를 일으켜 조선 왕실에 피바람을 몰고 온 폭군이었다. 연산군의 폭정은 한창 전성기를 구가하던 조선 역사가 점점 쇠퇴하는 변곡점이 되었다.

앓아누운 세계사_레이건 대통령의 수술

1985년 7월 13일 오전 11시 48분, 미국 메릴랜드주에 있는 국립해군병원은 미국의 운명이 달린 외과수술을 앞두고 있었다. 존 휴턴John Hutton 박사를 포함해 당대 최고의 외과 전문의로 구성된 의료팀은 수술을 시작하기에 앞서 환자의 신원을 다시 확인했다. 그 환자는 바로 미국의 40대 대통령 로널드 레이건이었다.

레이건이 대통령에 재임한 1981년~1989년은 전 세계에 긴장감이 감돌던 시기였다. 공산주의를 대표하는 소련과 자유주의를 대표하는 미국 간의 갈등이 극에 달한 냉전 시기였기 때문이다. 두 나라는 서로의 이념을 지키기 위해 소리 없는 전쟁을 치르고 있었다. 특히 당시 전 세계를 위협한 것은 바로 핵무기였다. 두 나라는 서로를 견제하기 위해 무시무시한 핵무기를 끊임없이 생산하고 비축했다. 핵무기는 언제 터질지 모르는 폭탄이었다. 당시 두 나라의 핵무기는 6만 2,000개 이상이었고 이는 전 세계에 있는 핵무기의 98%를 차지했다. 이 무시무시한 냉전의 종지부를 찍기 위해 노력한 대통령이 바로 로널드 레이건이었다.

1984년 대통령의 주치의로 임명된 존 휴턴 박사는 레이건의 건강에 문제가 생겼음을 발견했다. 박사는 대통령의 혈액에서 적혈구 수가 줄어들고 있는 것과 대변에서 혈액이 나오는 잠혈양성반응을 발견했다. 그래서 레이건 대통령에게 대장내시경 검사를 권유했지만 받아들여지지 않았다. 당시에는 대장내시경 검사가 대중화되지 않은 데다 표준 치료 과정에도 포함되지 않았기 때문이다. 대통령은 항문으로 내시경을 집어넣는 불편한 검사를 달갑게 여기지 않았다.

대통령을 설득하기 위해 휴턴 박사는 영부인 낸시 레이건 여사에게 도움을 구했다. 영부인과 박사의 집요한 설득은 1년 반 동안 계속되었고, 레이건 대통령은 그들의 설득에 못 이겨 결국 검사를 받았다. 아니나 다를까 그의 대장을 살펴보던 박사는 맹장 부위 주변에 융모 형태의 작은 종양을 발견했다. 조직 검사를 해보니 이 종양은 악성종양이었다.

다음날 바로 수술 일자를 잡으려는데 문제가 생겼다. 대장암 수술을 하려면 전신마취를 해야 하는데, 그 시간 동안 대통령의 자리는 누가 맡는단 말인가? 그래서 레이건 대통령은 수정헌법 제25조를 발동했다. 이는 모종의 이유로 대통령의 직무수행이 불가능할 경우 부통령이 대통령 권한을 이양받는 법안이다. 이 헌법에 따라 부통령이었던 조지 부시가 7시간 50분간 미국의 대통령이 되었다. 다행히 수술은 무사히 잘 이루어졌고 레이건 대통령은 건강을 회복하게 되었다. 그는 수술 후 5개월 만인 1985년 스위스 제네바에서 소련 서기장인 미하일 고르바초프와 만났다. 앙숙 사이였던 소련과 미국이 만나는 역사적인 순간이었다. 양국의 대화가 시작되자 냉전 분위기는 서서히 사그라들었다. 두 나라는 핵무기에 대한 부담을 서로 확인할 수 있었고, 이윽고 1986년 10월 아이슬란드에서 양국의 전략 무기를 축소하자는 의견에 함께 동의했다.

만약 레이건 대통령이 제때 대장암 수술을 받지 못했다면 어떻게 되었을까? 아마 미국과 소련의 냉전이 더 길어지지 않았을까?

'용의 눈물'의 원인은 뇌졸중

태조 이성계

약사의 맞춤 처방전

성명	이성계
출생	1335년 11월 4일
사망	1408년 6월 27일
주소	함경도 함흥
직업	조선 1대 왕
증상	자꾸만 갈증이 남 말이 어눌해지고 갑자기 쓰러질 때가 많음 의식을 잃었다 되찾기를 반복함
진단	뇌졸중 치매 우울증 당뇨병
처방 의약품	혈전 용해제
특이사항	활쏘기에 능함 성격 급함

"방원이 네 이놈! 네가 기어코 괴물이 되었구나. 내 신하들과 너의 형제들까지 베어서라도 왕좌에 그리도 오르고 싶더냐?"

"애초에 이 모든 것이 아바마마의 탓이 아니옵니까? 아무것도 모르는 어린 방석을 세자로 삼지만 않으셨다면 이런 일은 없었을 겁니다!"

"그 칼에 방석과 방번이의 피도 묻어 있겠구나! 고작 열일곱, 열여덟밖에 안된 아이들이었다. 방석이가 세자가 되었을 때 네놈을 진작에 죽였어야 했는데 내가 정말 어리석었구나!"

1398년 태조 이성계는 한순간에 모든 것을 잃고 말았다. 조선 건국을 도운 충신들, 사랑스러운 아내와 자식들까지. 이 모든 것을 앗아간 사람은 다름 아닌 그의 아들 이방원이었다.

고려 왕조를 무너뜨리고 충신들과 함께 조선이라는 새 나라를 건국한 태조 이성계. 본래 그는 홍건적과 왜군을 막아낸 고려 최고의 장군이었다. 신출귀몰한 활쏘기와 말타기 실력으로도 유명했다. 뛰어난 무예와 지휘력으로 고려 말 영웅으로 떠오른 그는 중국의 요동 지역을 정벌하러 떠났다가 왕의 명을 어기고 군사들과 함께 수도 개경으로 돌아오는 '위화도 회군'을 강행했다. 수도로 돌아와서는 정도전을 비롯한 몇몇 대신의 도움을 받아 권력을 장악하고 왕조를 교체하는 '역성혁명'에 성공했다.

이성계는 거의 평생을 전쟁터에서 보냈다. 1392년 7월 왕위에 등극했을 때 나이가 어언 60세에 가까웠다. 점점 기력이 쇠하자 그는 이제 살날이 많지 않음을 직감하고, 하루빨리 자신을 이어 조선을 바로 세울 세자를 정하리라 마음먹었다. 그러나 문제가 있었다. 슬하에 자식이 너무 많았다. 그에게는 신의왕후 한씨 사이에서 태어난 8남매와 신덕왕후 강씨 사이에서 낳은 3남매가 있었다. 이제 막 건국된 나라, 늙어가는 국왕, 왕위를 탐내는 자식들.

'내가 이대로 왕좌를 비우면 어떻게 되겠는가? 자식들이 왕좌를 차지하기 위해 서로에게 칼을 겨눌 것이다.'

태조 이성계는 평소 예뻐한 어린 막내아들 방석을 세자

에 책봉했다. 방석은 명석한 아들이었지만 그를 세자로 삼은 것은 이성계의 치명적인 실수였다. 그와 함께 칼을 들고 전쟁터에 나섰던 다른 아들들은 한참 어린 방석이 세자가 되었다는 사실에 망연자실했다. 아들들은 개국공신에서도 제외당하자 분노가 극에 달했다. 특히 신의왕후 한씨 사이에서 낳은 다섯째 아들 방원의 불만이 컸다.

'아버지는 고려 우왕의 명을 어기고 위화도에서 회군하면서 배신자로 낙인찍혀 도망자 신세가 되었다. 그때 우리 이씨 가문을 지킨 이가 누구인가? 우리 가문의 멸문지화를 막기 위해 고려 충신 정몽주에게 철퇴를 휘두른 이가 바로 나 아니던가? 나는 누구보다 조선을 세우는 데 앞장섰다. 그런데 아바마마는 어찌 이러실 수 있단 말인가!'

결국 이방원은 군사를 모아 자신에게 반하는 세력을 제거하고 동생 방석과 방번을 죽이는 1차 왕자의 난을 일으켰다. 이 사건으로 정도전과 이제 등 이성계를 따르던 신하 대부분이 유배를 가거나 죽임을 당했다. 조선 왕실에 한차례 피바람이 불고 나서도 왕좌를 탐낸 형제간의 싸움은 끝나지 않았다. 1400년 1월에는 넷째 아들 방간과 방원이 싸운 2차 왕자의 난이 일어났다.

이성계는 왕의 자리를 두고 자식들이 서로에게 칼을 겨누는 모습을 두 번이나 보았다. 그는 점점 정치에 환멸을 느끼기 시작했다.

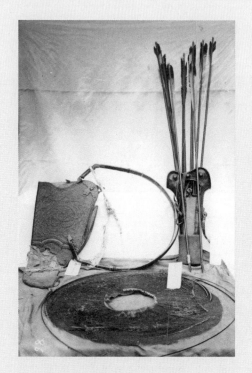

태조 이성계가 사용한 활. 이성계는
말타기와 활쏘기에 매우 능했다고 알려져
있다. 본래는 고려의 장군으로 홍건적과
왜군을 막아내며 구국의 영웅으로 떠올랐다.
이후 위화도 회군으로 권력을 장악한 다음
조선을 세웠다.

"새 나라를 세우려던 나의 꿈은 한낱 욕심이자 환상이었구나. 부질없다, 부질없어."

그렇게 이성계는 옥쇄를 가지고 궁을 떠났다. 그리고 지금의 함경남도 함흥에 칩거하며 살아갔다. 이때부터 그는 병을 앓기 시작했으니 바로 '뇌졸중'이었다.

머릿속의 시한폭탄, 뇌졸중

앞서 살펴봤듯 우리나라 사람들의 사망 원인 1위는 암이다. 그렇다면 2위는 무엇일까? 바로 뇌졸중이다. 뇌졸중은 뇌로 가는 혈관이 막히거나 터지는 뇌혈관질환을 말한다.

흔히 뇌졸중을 '머릿속의 시한폭탄'에 비유한다. 암은 몸속에서 천천히 퍼져나가기 때문에 초기에 병을 찾아내어 치료하고 관리하는 것이 중요하다. 하지만 뇌졸중은 시한폭탄처럼 언제 어떻게 나타날지 모르는 질병이다. 멀쩡하던 40~50대 중년이 뇌졸중으로 갑자기 쓰러져 응급실에서 사망한다. 설령 목숨을 부지해도 식물인간으로 남은 인생을 병원에서 보내게 된다. 이렇게 무서운 폭탄을 안고 사는 사람은 우리나라에 얼마나 많을까? 건강보험심사평가원 자료에 따르면 우리나라 뇌졸중 환자 수는 2015년에는 53만 명, 2016년에는 57만 명, 2020년에는 60만 명으로 그 수가 계속해서 늘어나고 있다. 인간의 기대수명이 늘고 과거에는 치료하지 못했던 질병이 하나씩 정복되고 있는 시대에 뇌졸중 환자는 오히려 늘고 있는 것이다.

뇌졸중의 가장 큰 원인은 생활 습관이다. 특히 서구식 식습관과 운동 부족이 가장 큰 원인으로 지목되고 있다. 콜레스테롤과 각종 염증이 혈관에 과도하게 쌓이면 혈액의 흐름을 막는 '혈전'이라는 덩어리가 몸속에 조금씩 생긴다. 인체는 노화와 운동 부족으로 혈전을 처리하는 능력을 조금씩 잃다가 뇌졸중이라는 커다란 불행을 맞게 된다.

뇌는 우리 몸의 산소 중 30%를 쓴다. 혈액은 혈관이라는 인체의 호스를 통해 산소를 뇌로 운반한다. 그런데 이 혈관이 막혀서 산소를 공급받지 못한다면 우리 뇌는 어떻게 될까? 일단 뇌 활동이 바로 멈춘다. 1~2분 후에는 뇌세포의 손상이 시작되는데 한 번 망가진 뇌세포는 다시 원래대로 돌아오지 않는다. 뇌세포는 5분이 지나면 죽고 10분 후에는 완전히 전멸한다. 그만큼 뇌졸중은 순식간에 사람을 죽이는 치명적인 질병이다.

"이제 나이도 있으니 고혈압, 당뇨, 고지혈증을 관리하셔야 해요."

중년이 되면 반드시 주의해야 하는 세 가지 혈액 지표가 있다. 바로 혈압, 혈당, 콜레스테롤이다. 이 세 가지는 뇌졸중을 일으키는 주요 원인이 된다. 평소 술과 담배를 좋아하고 '내 몸은 내가 안다'며 건강관리를 소홀히 하던 중년, 노년층이 갑자기 쓰러져 사망하거나 병원 신세를 지게 된다면 십중팔구 뇌졸중 때문일 확률이 높다. 예전에는 뇌졸중이 나이 많은 사람의 전유물이라고 생각했다. 실제로 55세가 지나면 뇌졸중에 걸릴 가능성이 더욱 커진다. 그러나 최근에는 45세 이하의 젊은 뇌졸중 환자도 늘어나고 있다. 과음·스트레스·잘못된 식습관·운동 부족이 젊을 때부터 계속되기에 뇌졸중 발병 확률이 높아지는 것이다.

무서운 바람의 힘을 막기 위해

지금도 뇌졸중은 언제 어떻게 일어날지 알 수 없는 질병인데, 하물며 조선 시대에는 어땠겠는가? 당시 사람들의 눈에 뇌졸중은 '바람이 가져오는 무시무시한 병'처럼 보였다. 멀쩡히 지내던 노인이 갑자기 털썩 쓰러져서 몸을 부르르 떨다가 죽거나 반신불수가 되었으니 말이다. 마땅한 이유를 모르니 원인이 그저 바람에 있다고 생각할 만하다. 그래서 사람들은 뇌졸중을 중풍中風이라고 불렀다.

태조 이성계도 중풍의 위협에서 벗어날 수 없었다.

한간이 수정포도를 구해 바치니 왕이 기뻐하며 쌀 10석을

하사하고 매양 목마를 때 한두 개를 맛보니 병이 이로부터 회복되었다. 《태조실록》 7년 9월 3일

위의 기록을 보면 태조의 소갈증(자꾸만 갈증이 나서 물을 마시게 되는 증상)이 심했다는 사실을 알 수 있다. 소갈증은 당뇨병의 대표적인 증상이다. 그리고 당뇨병은 뇌졸중을 일으키는 주요 요인 중 하나다. 아들 이방원이 일으킨 왕자의 난을 비롯한 여러 참혹한 사건이 이어지자 이성계의 병은 더욱 심해졌다.

그가 병상에 누운 동안 이방원은 왕자들을 죽이고 왕위에 올랐다. 건강이 나빠진 데다 정치에 대한 환멸도 너무 커진 이성계는 결국 왕좌를 버리고 궁을 떠났다. 하지만 유교 국가인 조선에서 어찌 왕이 아버지를 내칠 수 있겠는가? 왕이 된 태종 이방원은 아버지가 있는 함흥으로 꾸준히 차사를 보내 이성계를 궁으로 모시고자 했다.

"왕이 되려고 지 형제도 죽인 놈이다. 그런데 이제 와서 뭐? 제 아비를 모시겠다고? 여봐라, 저놈을 옥에 가두어라!"

이방원을 향한 이성계의 분노는 사그라지지 않았다. 이성계는 함흥으로 온 차사를 모조리 죽이거나 옥에 가두었다. 그래서 돌아오지 않는 사신을 가리켜 함흥차사咸興差使라는 말이 생겨났다.

풍을 치료하는 온천욕

왕좌에서 물러난 이성계는 중풍으로 약해진 건강을 회복하는 데 집중했다. 그 방법 중 하나가 바로 '온천욕'이었다. 후대에 활동한 조선의 명의 허준은 《동의보감東醫寶鑑》에 온천욕이 종기, 소양증, 풍병을 치료하는 데 효과가 좋다고 썼다.

조선 임금들은 온천욕을 중요시했고 또 좋아했다. 태조뿐만 아니라 정종·태종·세종·현종·숙종 등 많은 임금이 몸이 피로하고 허할 때 온천욕을 하며 휴식을 취했다. 지금도 유명한 온천 마을로 짧게 여행을 가는 사람이 많다.

당시 임금의 온천 여행은 큰 행사 중 하나였다. 왕은 한 번 여행을 가면 온천에만 20일 정도 머물렀고, 오고 가는 데는 한 달이 걸렸다. 조선 임금들이 주로 가던 지역으로는 황해도 평산온천, 경기도 이천온천, 충남 온양온천 등이 있다. '어떤 순서로 온천욕을 해야 하는가'를 신하들이 의논할 정도로 임금의 온천욕은 중대사였다. 먼저 귓구멍을 솜으로 단단히 막은 후 손을 씻는다. 다음에는 발을 씻은 후에 열기가 머리까지 잘 올라가게 허리를 꼿꼿이 펴고 탕에 앉는다. 실제로 온천욕은 인체의 혈액순환을 돕는다. 혈관을 확장해 피가 온몸을 잘 돌게 도와주는 것이다. 그리고 온천수 특유의 유황 성분은 근육과 뼈마디의 통증을 완화하는 데 도움이 된다.

태조가 궁궐 밖에서 요양하는 동안 아들 이방원은 아버지를 모시기 위해 꾸준히 사신을 보내고 있었다. 마지막 카드로 이방원은 이성계와 절친한 사이였던 무학대사를 차사로 보냈다. 결국 무학대사의 권유에 못 이겨 이성계는 말년에 궁으로 돌아왔다.

그 후 이성계는 이방원을 왕으로 인정하게 되니 역시 혈육이란 무시할 수 없는 것이었나 보다. 이방원은 아버지를 극진히 모시기 위해 최선을 다했다. 그것은 아마 이전에 그가 저지른 무수한 살육에 대한 속죄였을 것이다. 그러나 한양으로 돌아오고 6년 뒤인 1408년 이성계는 중풍이 심하게 와서 자리에 몸져눕고 말았다. 이성계의 중풍 소식이 알려지자 이방원은 전국으로 사신을 보내 제사를 지내며 조상신께 그의 회복을 기도했다. 하늘에는 치성을 드리고 아래로는 혜택을 주는 것이 도리였다. 태종은 죄수들을 풀어주고 곳간의 쌀을 풀어 백성들에게 나눠주었다.

그리고 태종은 절로 가서 연비燃臂의식을 행했다. 연비란 불교에서 행하는 의식인데 자신의 살을 태워서 부처님께 기도를 드리는 것이다. 팔뚝에 명주실을 올려놓고 태우면서 이방원은 기도했다.

'부처님께 비나이다. 아직 아니 됩니다. 저는 지은 죄가 커 아직 갚아야 할 게 많습니다. 이제야 자식 노릇을 할 수 있게 되었는데 어찌 아버지를 데려가려 하십니까?'

말년의 이성계가 머무른 함흥본궁의 본전.
아들 이방원은 아버지를 모시기 위해
함흥으로 꾸준히 사신을 보냈다. 마침내
이성계와 절친한 무학대사가 사신으로
오기에 이르렀고, 친구의 권유의 못 이긴
이성계는 한양으로 돌아와 중풍 치료를
받았다.

이방원의 갖은 노력에도 이성계의 병세는 더욱더 깊어졌다. 그는 말이 어눌해지고 의식을 잃었다 되찾기를 반복했다. 정신이 들면 기행을 부리거나 헛소리를 하고는 했다. 자신이 부처라면서 소리를 치는가 하면 떠나간 두 부인과 아들을 그리며 밤새 울었다. 이는 알츠하이머와 우울증으로 볼 수 있다. 두 질환은 뇌졸중이 진행되며 나타나는 증상들이다. 뇌혈관이 손상되면서 뇌가 점차 망가져 정상적인 사고가 힘들어지는 것이다. 그렇게 1408년 5월 이성계는 72세의 나이로 창덕궁 별전에서 사망했다.

> 태상왕(이성계)이 별전에서 승하하였다. 병이 급하여 서둘러 달려와 청심원을 드렸으나 태상이 삼키지 못하고 두 번이나 눈을 들어올려 승강이를 했다. 《태종실록》 8년 5월 24일

태종 이방원의 둘째 형이자 선대 왕인 방과가 별전에 도착했을 때 이방원이 땅을 치고 발 구르는 소리가 바깥에까지 들렸다고 한다. 아버지를 떠나보낸 그의 슬픔이 얼마나 컸는지 알 수 있다.

'이제야 자식다운 도리를 다하려 했건만 아바마마께 몹쓸 짓만 하고 세상을 떠나보냈구나.'

이방원의 슬픈 곡소리가 밤늦게까지 울려 퍼졌다.

뇌졸중의 골든타임, 4시간 30분

혈관이라는 호스로 연결된 뇌를 상상해보자. 이 호스를 통해 혈액은 산소를 가지고 뇌로 들어간다. 그런데 어떤 이유로 우리 몸에 끈적한 혈전이 생긴다. 우리는 이것을 '피떡'이라고도 부른다. 이 피떡은 몸을 타고 돌아다니다가 쌓이고 쌓여서 호스를 막아버리기도 한다. 운이 나쁘게도 피떡이 심장으로 가는 혈관을 막으면 '심근경색', 뇌로 가는 혈관을 막으면 '뇌졸중'이 생긴다. 어느 경우든 심장과 뇌는 생명과 직결된 기관이기에 최악의 상황이라 할 수 있다.

다행히도 우리 몸에는 뇌와 심장으로 가는 호스가 하나만 있지 않다. 우회해 갈 수 있는 다른 호스를 통해 혈액을 공급하면 어느 정도 시간을 버틸 수 있다. 그러나 이쯤 되면 몸이 이상함을 느낄 것이다. 걸어가다 갑자기 균형을 못 잡고 몸을 비틀거리거나, 눈앞의 시야가 흐려진다. 말을 어눌하게 하거나 얼굴 근육이 조절되지 않아 표정이 일그러진다. 한순간 정신이 아득해지는 기분이 들 수 있고, 심하면 그 자리에서 쓰러지기도 한다. 이때가 바로 시한폭탄이 터지는 시점이며 한시라도 빨리 응급실로 가야 한다는 신호다. 보통 4시간 30분을 뇌졸중의 골든타임으로 본다. 이 시간 안에 치료를 시작해야 사망률도 낮추고 뇌 손상도 최소화할 수 있기 때문이다.

그렇다면 피떡으로 막힌 혈관을 뚫기 위해서는 어떤 약을 쓸까? 바로 '혈전 용해제'다. 혈전 용해제는 혈전을 녹이는 약물을 말한다. 피떡은 피브린fibrin이라는 실처럼 생긴 섬유소 성분이 혈액과 엉켜서 생긴다. 1958년 스트렙토키나아제streptokinase라는 성분이 피떡의 피브린 섬유소를 녹일수 있음이 알려져 급성 심근경색 환자에게 사용되었고, 1990년대에 들어서는 뇌졸중 치료에도 사용되었다. 현재 혈전 용해제는 발전을 거듭해 조직 플라스미노겐 활성제tPA, Tissue plasminogen activators라는 2세대 약물이 개발되어 쓰이고 있다.

항혈전제 약물은 뇌졸중 치료의 패러다임을 완전히 바꾸어놓았다. 이전에는 뇌졸중이 생기면 마땅한 치료법이 없었다. 그저 증상 악화를 막기 위해 안정을 취하는 것 외에는 마땅한 방법이 없었다. 혈관 속에 막힌 피떡이 알아서 사라지거나 환자가 서서히 죽어가는 것을 지켜볼 수밖에 없었다. 그러나 항혈전제가 도입됨으로써 수많은 뇌졸중 환자가 갑작스럽게 장애를 앓거나 사망하는 것을 막을 수 있었다.

아직 한계는 있다. 혈전이 혈관을 막으면 세포 손상이 빠르게 일어나므로 뇌졸중 환자는 한시라도 빨리 응급실로 가야 한다. 우리가 도로에서 구급차가 지나가면 길을 양보해야 하는 이유이기도 하다. 그리고 쌓인 혈전 때문에 혈관이 터지면 이를 '뇌출혈'이라 하는데, 뇌출혈 환자에게 혈전

태조 이성계의 어진. 태종 10년인 1410년에
완성되어 전해지는 어진으로 태조 말년의
모습을 그렸다. 현재는 전주 한옥마을
경기전에 보관되어 있다.

용해제를 쓰면 출혈을 막기가 더 힘들어질 수 있다.

철천지원수 같았던 아버지와 아들

조선이라는 거대한 왕조를 세운 태조 이성계의 말년은 초라하기 그지없었다. 한때 하늘 높은 줄 몰랐던 그의 부와 권력은 아들들의 다툼 때문에 한순간 먼지처럼 사라졌다. 이성계는 이 모든 것에 회의감을 느끼고 이방원을 오랫동안 용서하지 못했다. 야사에 따르면 이성계는 한양의 궁으로 돌아올 때 그를 맞이하러 나온 이방원을 화살로 죽이려 했다고 한다. 그러다 말년에는 이방원을 왕으로 인정했고, 불교에 심취해 궁에 칩거하다가 생을 마감했다. 그런 이성계에게 이방원은 어떤 존재로 남았을까? 둘은 선왕과 현왕으로서는 극적으로 관계를 회복했다. 그러나 아버지와 아들로서도 완전히 화해했을까?

이방원은 많은 형제 중에서 어떻게든 아버지의 인정을 받고자 한 아들이었다. 그 욕심이 지나쳐 형제들을 죽이고 아버지의 가슴에 비수를 꽂았지만 말이다. 어쩌면 왕자가 많았던 왕실의 복잡한 가계와 죽이지 못하면 죽는 불안정한 정국도 그가 피바람을 일으키게 된 배경이 되었을 것이다. 아무튼 말년에 이방원은 속죄하기 위해 이성계를 극진히 대했지만, 여전히 마음속에는 아버지에 대한 죄의식이 깊게 자리 잡고 있었다. 그래서 나라를 열심히 다스리고 민생을 가꾸면서 훌륭한 국왕의 자질을 이성계에게 보여주기 위해 노력했다.

만약 이성계에게 살아생전 시간이 좀 더 있었다면 어땠을까? 어쩌면 철천지원수 같았던 아버지와 아들이 둘 사이의 앙금을 극복하고 조선의 기틀을 다지기 위해 함께하는 모습을 볼 수 있었을지도 모른다.

앓아누운 세계사_얄타에서 열린 뇌졸중 모임

전 세계를 어지럽힌 2차 세계대전이 어느새 끝을 향해 다가가던 어느 날이었다. 연합국이 승리의 깃발을 손에 쥐고 한때 유럽 대륙을 재패한 나치 독일의 패배가 확실시되던 무렵이다. 1945년 2월 4일부터 8일 동안 흑해 연안에 있는 우크라이나의 휴양도시 얄타에서는 비밀리에 회담이 열렸다. 세계 정세를 수습하기 위해 미국·영국·소련의 대표가 한자리에 모였다. 각 나라의 대표는 미국의 프랭클린 루스벨트, 영국의 윈스턴 처칠 그리고 소련의 이오시프 스탈린이었다.

나치 독일의 위협으로부터 세계를 구한 연합국 수장들의 모습은 어째서인지 어색했다. 그들의 걸음걸이는 어정쩡했고 단상 위에서 내뱉는 연설도 어눌했다. 회의 내내 할 말을 떠올리기 힘들어하는 이도 있었다. 어찌 된 일일까? 이들에게는 세계대전을 종결한 주축이라는 점 말고도 한 가지 공통점이 있었다. 바로 세 명 다 뇌혈관질환으로 고생했다는 점이다. 앞서 살펴봤듯 뇌혈관질환은 뇌로 가는 혈관이 막히거나 터져서 생기는 병을 말한다. 뇌로 가는 혈액이 줄어들어서 기억력과 인지능력, 운동능력이 떨어지고 치매 증상을 겪기도 한다. 피떡이라고 부르는 혈전이 혈관을 막아서 뇌로 피가 가지 못하게 되면 뇌경색, 막힌 혈관이 버티지 못하고 터져버리면 뇌출혈이 생긴다.

얄타 회담에 참석한 세 나라의 대표는 2차 세계대전의 풍파를 겪으면서 몸이 쇠약해졌을 뿐만 아니라 뇌혈관질환도 앓게 되었다. 안타깝게도 당시 의료기술로는 뇌혈관질환을 치료할 약물도, 예방할 방법도 없었다. 영국의 총리 처칠은 1965년 1월 뇌졸중으로 사망했고, 미국의 대통령 루스벨트는 1945년 4월에 뇌출혈로, 소련 서기장 이오시프 스탈린은 1953년 3월 뇌경색으로 사망했다.

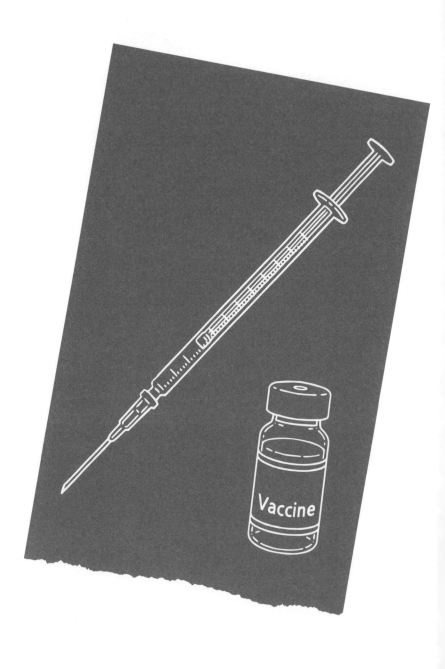

3부

사람 잡는 작은 병

고작 고름, 21세기에 태어났다면

문종

약사의 맞춤 처방전

성명	이향
출생	1414년 11월 15일
사망	1452년 6월 10일
주소	한성부 경복궁
직업	조선 5대 왕
증상	등에 커다란 종기가 있음 자리에 눕거나 앉을 때 종기로 통증 있음
진단	종기로 인한 2차 세균 감염
처방 의약품	세팔록스포린(cephalosporin) 항생제 소독약
특이사항	조선 최고 엄친아 세자 수업만 28년 공부 좋아함 부전자전 허약 체질

"세자 저하, 조금만 참으소서."

세종 31년인 1499년, 임금의 건강을 보살피는 최고의 의원들이 세자의 처소로 모였다. 오늘은 기필코 세자를 괴롭히는 병의 뿌리를 뽑겠노라 다짐하며. 의원들은 세자 문종의 옷을 걷어 내린 후 그의 등을 바라보았다. 등 한가운데 거대한 종기가 있었다. 그 크기가 얼마나 큰지 길이는 30센티미터, 너비는 18센티미터나 되어 등을 거의 다 덮을 지경이었다. 부풀어 오르고 하얀 고름이 가득한 종기는 지금이야말로 치료하기 적기였다. 이 종기는 어릴 때부터 문종을 지긋지긋하게 괴롭혔다. 등에 난 종기 때문에 그는 제대로 걸을 수도, 누울 수도 없었다. 밖에 나갈 때는 항상 가마를 타고 다녀야 할 정도였다.

"그럼 시작하겠습니다."

어의가 비장하게 커다란 침을 꺼내 종기 한가운데에 찔러넣었다. 그러자 검붉은 색과 하얀색이 뒤섞인 고름이 쉴 새 없이 꿀렁꿀렁 흘러나왔다. 생각보다 심각한 종기 상태에 의원들도 나인들도 당황했지만, 어의는 이내 침착하게 종기에 무명천을 덮고 두 손으로 종기를 짜내기 시작했다. 문종은 고통에 외마디 비명을 질렀다.

"으윽!"

"저하, 지금 농을 빼내고 있으니 조금만 참아주소서. 독기를 모두 빼내야 합니다."

"이제, 그만해도 되지 않겠소? 고름이 적삼을 다 적시고 있지 않은가."

"종기의 뿌리까지 없애야 합니다. 조금만 참으소서."

비명과 함께 종기를 짜내고 몇 분 후, 하얀 고름과 함께 엄지손가락 크기의 피 묻은 덩어리가 나오기 시작했다. 여섯 개나 되는 덩어리가 쏟아져 나온 문종의 등에는 큰 구멍이 난 것처럼 보였다. 옆에서 치료를 지켜보던 세종이 어의에게 물었다.

"어떻게 되었는가?"

"전하, 세자 저하의 등창을 뿌리까지 뽑아내었습니다. 이제 종기로 고생하실 일은 없을 겁니다."

"그것 참 다행인 일이오. 그간 세자를 괴롭히던 등창이 완치되었다니 마치 짐의 병이 씻은 듯 나은 기분이구려. 내 친히 그대들에게 포상과 진급을 내리겠소."

당시 왕의 종기를 짜내는 일은 아무나 할 수 있는 일이 아니었다. 당대 최고의 실력을 지닌 어의만이 임금의 등에 손을 댈 수 있었다. 그만큼 종기 치료는 쉬운 일이 아니었으며, 치료에 성공한 의원은 1계급 승진과 함께 큰 상을 받았다.

종기는 생겨나는 위치에 따라 이름이 달랐다. 얼굴에 나면 면종, 엉덩이에 나면 둔옹, 음낭에 나면 낭옹이라 불렀다. 아마 독자들도 살면서 몸에 종기가 생긴 적이 한두 번 있을 것이다. 면종이 아마 우리가 가장 많이 경험하는 종기가 아닐까? 면종을 요즘 말로 하면 여드름이다. 지금이야 얼굴에 여드름이 나거나 엉덩이에 종기가 새기면 간단하게 약을 처방받거나 연고를 발라서 치료한다. 하지만 과거에 종기는 조선 임금의 목숨을 가장 많이 앗아간 질환이었다.《조선왕조실록》에 따르면 조선 왕 스물일곱 명 중 열두 명이 종기로 고생했다고 하니 종기는 조선 역사에서 빠질 수 없는 질환이다.

여드름이 사람을 죽인다?

종기는 피부에 세균이 감염되면서 생기는 결절을 말한다.

역대 조선 왕들과 왕후의 신주를 모신
사당인 종묘. 조선의 왕 스물일곱 명 중
문종을 비롯한 열두 명이 종기로 고생했다고
한다. 종기는 조선 역사와 떼려야 뗄 수 없는
질병인 셈이다.

세균 감염은 보통 털이 자라나는 모낭을 통해서 많이 이루어진다. 현대인의 대표적인 종기인 면종, 다시 말해 여드름을 예로 들어보자. 여드름은 보통 사춘기에 자주 생긴다. 사춘기에는 호르몬 변화로 피부의 피지선에서 피지가 많이 분비되기 때문이다. 피지가 많아지면 모낭이 각질과 피지 덩어리로 막힌다. 이때 모낭에 사는 세균이 피지의 지방을 분해하며 염증을 일으키고 고름이 생기면서 종기가 나는데 이것이 여드름이다. 이런 방식으로 종기는 주로 얼굴·목·겨드랑이·엉덩이 부분에 자주 생긴다. 우리 피부에는 세균이 늘 함께 살아가고 있는데, 그중 종기를 일으키는 주범은 포도상구균이다. 포도상구균은 평소에는 우리 인체에 아무 영향을 끼치지 않지만, 인체의 면역력이 떨어지고 위생이 좋지 않을 때 피부를 통해 인체에 들어와 발열과 구토를 겪게 하고, 심하게는 목숨까지 앗아간다.

'여드름 때문에 사람이 죽기도 하나?'라고 물을 수 있겠지만 과거에는 그랬다. 세균을 죽이는 항생제가 전혀 없었기에 종기가 생기면 그대로 내버려둔 채 약으로 진행을 늦추는 방법이 최선이었다. 그나마 할 수 있는 치료는 차오르는 고름을 짜내는 것이었지만, 이런 식으로 종기를 없애려고 해도 병변 주위에 세균이 다시 감염되면서 종기가 재발하거나 다른 부위로 옮았다. 그래서 과거에 종기는 완치되는 경우가 드물었다. 조선 임금 중 효종은 의원의 권유에 따라 종기에 침을 놓아 고름을 빼려고 했는데 오히려 피가 그치지 않으면서 증세가 위독해져 사망했다. 심각하면 종기의 세균이 다른 인체 기관으로 퍼져 패혈증이나 전신 감염을 일으켰다. 세균이 혈액을 타고 전신을 돌아다니며 온몸의 기관을 파괴하는 것이다. 환자는 몸이 뜨거워지면서 구토와 오한을 겪다가 서서히 죽어갔다. 그리고 종기가 생겨 부어오른 부위는 닿기만 해도 큰 고통을 주었기에 환자는 몸도 잘 움직일 수 없었다.

종기를 예방하기 위해서는 위생과 청결, 소독이 가장 중요하다. 하지만 당시에는 위생에 대한 관념이 부족했고 소독약도 없었다. 그리고 종기는 당뇨병, 고혈압 같은 다른 질환으로 몸이 약할 때 함께 생기는 경우가 많았다. 각종 질환으로 면역이 약해지면 세균에 감염되기 더 쉬워지기 때문이다. 특히 조선의 임금은 고된 업무로 스트레스가 심했던 데다 신체 활동이 부족하고 기름진 음식을 자주 먹어 면역력이 약했다. 허약한 몸에는 더욱 종기가 나기 쉬웠다.

조선을 위해 준비된 국왕

1414년 태종 14년, 세종과 소헌왕후 심씨 사이에서 첫째 아들로 태어난 문종은 철저하게 조선을 위해 준비된 국왕이었다. 아버지 세종대왕의 총명한 두뇌를 그대로 물려받아서 문종은 어렸을 때부터 임금과 신하들에게 큰 기대를 받았다. 세종만큼이나 학문에 관심이 많아 독서를 낙으로 삼았으며 10세 때 논어를 외우고 11세에 맹자를 외울 정도로 똑똑했다. 천문학·산술·서예에도 뛰어난 재능을 보였다고 알려졌는데 이런 다재다능함에는 과학기술과 예술을 중요하게 생각한 세종의 영향이 컸다. 문종은 성격까지 온화하고 어질어서 신하들과 백성들에게 많은 존경을 받았다.

주변에서 받는 신뢰가 이토록 컸기에 세종은 문종을 일찌감치 정치에 참여시켰다. 일찍이 문종을 왕의 재목으로 알아보고 키우고자 한 것이다. 문종이 왕좌에 앉은 기간은 고작 2년밖에 되지 않지만, 그는 28여 년이라는 긴 시간 동안 세자로서 세종을 보좌하며 정치와 제왕학을 배웠다. 세종이 말년에 몸이 안 좋아 병상에 누웠을 때는 7년 반 동안 대리청정을 하며 사실상 임금의 역할을 해냈다.

그러나 아버지의 병약한 몸까지 닮았던 걸까? 문종 역시 어렸을 때부터 세종처럼 각종 질병에 시달렸다. 특히 앉아서 공부하는 시간에 비해 운동이 부족했던 탓인지 몸에 종기가 심하게 났다고 알려졌다. 세종은 자신처럼 몸이 약한 문종을 돌보는 데 많은 정성을 기울였다. 《조선왕조실록》에 따르면 세종 31년인 1449년에 문종의 종기 치료에 성공해 세종이 한시름 놓았다고 한다. 그러나 종기는 이내 재발하고 말았다. 문종은 즉위한 지 2년째 되던 1452년에 허리에 종기가 크게 났다.

연이은 장례도 문종의 건강에 악재였다. 1446년에 어머니 소헌왕후가 명을 달리하고, 1450년에는 아버지 세종마저 세상을 떠났다. 유교 국가인 조선에서는 부모가 사망하면 삼년상을 치렀다. 부모의 신주를 모시는 여막에서 문종은 아침저녁으로 곡을 하며 제사를 지냈다고 한다. 하필 세종이 죽은 2월은 추운 겨울이었다. 차가운 여막에서 문종은 물조차 제대로 마시지 않고 몇 달 동안 단식을 했다고 한다. 이때 그의 몸은 더 약해졌고 지병이던 종기가 더 심각해졌다. 문종이 몸져눕자 당대 최고의 명의였던 전순의가 문종 허리에 난 고름을 짰다는 기록이 있다. 당시 치료를 위해 짜낸 고름의 양은 두서너 홉으로, 오늘날의 단위로 따지면 360밀리리터라고 한다. 그의 종기가 얼마나 컸는지 짐작할 수 있다. 전순의는 왕의 몸에서 엄청난 양의 고름이 나온 것을 보고 그만 종기가 완치될 거라 확신하는 실수를 저질렀다.

"어떠한가?"

"전하, 염려치 마시옵소서. 옥체가 어제보다 나으니 날마다 건강을 회복하시는 중이옵니다. 3, 4일 후면 종기가 완치될 줄 아옵니다."

"그거 다행이오. 짐의 몸도 더 가벼워지는 것 같구려."

그러나 문종의 종기는 전혀 나아지지 않았고 결국 그는 37세의 나이로 갑작스럽게 사망하고 말았다.

거머리부터 흡독석까지

조선 시대에 의원들은 몸에 혹이나 덩어리가 생기면 대부분 종기라 판단했다. 하지만 종기를 치료하는 마땅한 치료법은 없었다. 지금이야 상처 부위를 절개해 종기를 없앤 다음 감염을 막기 위해 항생제를 복용하지만, 당시에는 종기에 고름이 가득 차면 상처를 째서 고름을 빼내는 것이 전부였다. 가난한 평민들은 제대로 된 의료 기구도 없었으니 종기를 입으로 빨아내서 고름을 없애기도 했다. 침에 상처를 치료하는 성분이 있다고 생각해서였는데, 이런 방법은 오히려 입을 통해 세균이 다시 침투하는 2차 감염의 원인이 되었다.

조선에서 종기 치료에 썼던 대표적인 약은 '고약'이다. 1451년 11월 기록에 따르면 문종 역시 종기에 고약을 붙여서 효과를 보았다고 한다. 지금도 종기 치료에 쓰는 고약을 약국에서 판매한다. 고약은 마치 물엿과 비슷하다. 굳으면 딱딱하지만 열을 가하면 물렁물렁해진다. 이 고약을 1일 1회 환부에 붙인다. 고약은 종기에 있는 고름을 빨아들이고 염증을 완화한다. 과거 고약의 재료는 복룡간伏龍肝이라고 부른 황토를 국화 등의 약초와 섞은 다음 달걀 노른자나 식초에 개어 만들었다. 고약은 종기 치료에 쓸 수 있는 거의 유일한 약이었다. 그래서 고약을 잘 만드는 의원은 명의로 인정받았다. 정조 시대에 유명했던 의원으로 피재길이란 인물이 있다. 그는 전국을 돌며 고약을 팔았는데 그 효능이 입소문을 타고 당시 임금이던 정조의 귀에까지 들어갔다. 천한 신분이었음에도 피재길은 궁궐로 불려가 정조를 알현하고 그의 종기 치료를 위해 고약을 만들었다. 종기가 씻은 듯이 낫자 정조는 흡족해하며 피재길을 내의원의 침의에 임명하고 6품 관복을 하사했다. 이 일화에서 종기 치료가 조선 왕실에서 얼마나 절실했는지 알 수 있다.

종기를 치료하는 또 다른 치료법으로는 '거머리'가 있다. 거머리는 작고 긴 지렁이처럼 생긴 환형동물이다. 보통 논이나 담수에서 살며 동물들의 다리나 몸에 붙어서 피를 빨아먹는다. 거머리가 종기 치료에 쓰인 이유는 피를 빨아먹는 능력이 탁월했기 때문이다. 거머리는 숙주의 피를 빨기 전 히루딘hirudin이라는 화학물질을 주입한다. 히루딘은 천연 마취제여서 숙주가 거머리에 물려도 통증을 느끼지 못하게 한다. 그리고 혈액응고 방지제처럼 피가 굳지 않게 해서 거머리가 쉽게 피를 빨아먹게 한다. 그래서 거머리는 한번 숙주를 물면 30분 만에 자기 몸무게의 열 배나 되는 피를 빨아먹는다. 우리 조상들은 나쁜 독기를 빼내고 어혈(막

우리 조상들은 피를 빨아먹는 능력이 탁월한
기생동물인 거머리를 종기 치료에 썼다.

힌 피)을 풀기 위해 거머리를 일부러 몸에 붙여서 치료에 사용했다. 중국 당나라에서 의사 손사막이 거머리를 치료에 이용했다는 기록을 시작으로 거머리는 지금까지도 의료 분야에서 사용되고 있다. 우리나라는 90년대 후반에 처음 '의료용 거머리'를 도입했다. 인체를 접합하는 수술이나 혈액순환장애로 생체조직이 괴사하는 질병을 치료할 때 의료용 거머리를 사용한다.

그럼에도 조선 시대에는 종기 치료가 워낙 어려웠다 보니 약재에 관한 전설도 떠돌아다녔다. 조선 후기 청나라를 다녀온 군관 최덕중의 《연행록燕行錄》이나 박지원의 《열하일기》를 보면 흡독석吸毒石이라는 재료에 대한 소개가 나온다. 흡독석은 독을 흡수하는 돌을 말하는데 독기를 잘 빨아들여 종기 치료에 탁월했다고 전해진다. 전설에 따르면 흡독석은 오래 산 독사의 머리에서 생기는 돌로, 크기가 엄지손가락만 하고 납작하며 검푸른 빛을 띤다. 뱀이나 지네, 전갈에게 물린 상처나 종기 위에 올려두면 독기를 빨아들인다고 한다. 다만 너무 많이 사용하면 영롱한 빛깔을 잃게 되고 그 효능 또한 사라진다고 알려졌다. 실제로 흡독석의 정체가 무엇인지 지금으로서는 알 수 없다. 흡독석을 선물로 주고받거나 사용했다는 과거 기록은 어쩌면 이 전설 속의 재료가 실재했을지도 모른다고 상상하게 한다.

세상을 구한 소독약

지금도 종기를 없애려고 병원을 찾는 환자가 많다. 만약 문종이 현대 의술로 치료받았다면 어땠을까? 병원에서 종기를 치료하는 과정은 대략 이러하다. 먼저 수술 부위의 통증을 없애는 마취를 한다. 그다음 세균에 감염되는 것을 막기 위해 소독한 후 종기를 절개한다. 그러고 나서 안쪽에 있는 고름을 제거하고 봉합한다. 수술이 끝나면 종기가 재발하지 않도록 항생제를 복용하면서 피부가 되살아날 때까지 회복하면 된다. 예전에는 한 사람의 목숨이 왔다 갔다 했던 질병을 지금은 간단한 수술만으로 해결할 수 있게 된 것이다. 현대 의술의 발전이 얼마나 비약적으로 이루어졌는지 새삼 느끼게 된다. 이처럼 종기 치료가 가능해진 데는 소독약과 항생제의 역할이 결정적이었다.

소독약은 미생물을 억제해서 세균 감염과 병의 진행을 막는 약을 말한다. 소독약은 1800년대 헝가리 출신의 산부인과 의사 이그나즈 제멜바이스Ignaz Semmelweis가 발명했다. 그는 손을 씻지 않은 산부인과 의사에게 수술을 받은 산모들이 세균 감염병에 더 잘 걸린다는 사실을 알아냈다. 그래서 손에 있는 미생물이 사람에게 병을 일으킨다는 가설을 세웠고 수술 전에 염화칼슘액으로 손을 소독하는 방법을 개발했다. 이 책을 읽는 독자 여러분도 어릴 적 뛰다가 넘어지거나, 날카로운 것에 찔려서 피가 나고 살이 찢어진 적이 있을 것이다. 그런 상처들은 소독약으로 잘 소독하면 안전하게 회복할 수 있다. 소독약이 없던 이전에는 작은 상처 하나에도 세균 감염이 심했다. 상처가 곪아 팔다리를 자르거나 패혈증으로 사망하는 사람도 부지기수였다.

또 다른 발견은 바로 항생제다. 항생제는 세균을 억제하거나 죽이는 약을 일컫는다. 항생제는 우리 일상에서 굉장히 광범위하게 사용된다. 감기나 설사처럼 흔한 질환에도 항생제 처방이 나오고, 베이거나 긁혔을 때 바르는 상처 연고에도 항생제가 들어간다. 항생제는 1928년 세균학자 알렉산더 플레밍Alexander Fleming의 발견으로 개발되었다. 실수로 실험실에 놔둔 곰팡이가 다른 세균을 죽이는 모습을 보고 그는 곰팡이가 만든 물질이 세균을 죽일 수 있다는 사실을 알아냈다. 이후 페니실린이라는 항생제가 개발되면서 인류는 세균과 싸움에서 이기는 방법을 손에 넣을 수 있었다.

많은 조선의 왕이 종기로 고생하고 목숨까지 잃었다는 사실은 지금 와서 보면 참으로 허망하게 느껴진다. 현대인들에게 소독약과 항생제는 병원에 가면 너무나 쉽게 처방받을 수 있는 약이기 때문이다. 오늘날 우리가 당연하게 누리는 약들이 없어서 과거에 그렇게 많은 사람이 목숨을 잃었다니!

조선의 운명을 바꾼 종기

죽기 직전 문종은 자신을 따르던 대신들을 한자리에 모았다. 영의정 황보인, 좌의정 김종서, 그리고 몇몇 집현전 학자들이 있었다. 문종은 자신의 명이 얼마 남지 않았음을 짐작하고 있었다.

"아직 11세밖에 안된 어린 단종이 걱정이오. 경들이 단종을 잘 지켜주기를 바라오."

그가 이렇게 말한 이유가 있었다. 바로 야심이 큰 동생 수양대군 때문이었다. 아들 단종은 너무 어려서 수양대군을 견제하고 조선 왕조를 다스릴 만한 능력이 부족했다. 그래서 문종은 김종서, 황보인 같은 정승들에게 특별히 뒷일을 부탁했다. 그러나 정승들이 권력을 쥐는 것에 불만을 품은 수양대군은 계유정난癸酉靖難을 일으켜 살벌한 피의 숙청을 벌였다. 김종서와 황보인을 비롯한 신하들은 물론 수양대군의 동생인 안평대군과 금성대군마저 목숨을 잃었다. 겁에 질린 단종을 꼭두각시로 내세운 채 실권을 장악한 수양대군은 영의정, 이조판서, 병조판서 자리를 모두 차지한 후 자신을 따르던 신하들로 조정을 꾸렸다.

> 성품이 너그럽고 인내심이 많으며 명철하고 강직하여 굴하지 않고 말수가 적고 신중하며 부모에 대한 효도와 형제

에 대한 우애가 깊고 공손하고 검소하며 노래와 여색을 좋
아하지 않고 성리학에만 전심하였다. 전대의 역사를 보고
혼란에 빠진 나라를 구하는 것에 대한 기틀을 강구했고 육
예, 천문, 역상, 성율, 음운에 이르기까지 통달하지 않은
것이 없었다. 《문종실록》 1권 총서

만약 문종이 조금 더 오래 살아서 왕좌를 지켰다면 어
땠을까? 문종은 세자 수업만 28년을 넘게 받았던 인물로 탁
월한 왕의 재목이었다. 세종 옆에서 훈민정음 창제를 돕고
4군 6진의 북방 정비를 이끌었으며 《고려사절요高麗史節要》
같은 역사서를 편찬하기도 했다. 세계 최초의 강우량 측정
기인 측우기도 세자 시절 문종의 아이디어에서 비롯했다.
세종 말기 8여 년은 문종의 치세라고 봐도 무방하다. 그가
왕위에 오르면 세종을 이어 조선의 부흥을 이끌 것이 자명
해 보였다. 그러나 종기가 문종의 발목을 잡을 줄은, 나아가
조선의 운명을 바꿀 줄은 그 누구도 예상하지 못했다.

앓아누운 세계사_대통령을 죽인 엉덩이 종기

미국을 여행하면 꼭 들러야 할 명소가 있다. 바로 러시모어 산에 있는 '큰 바위 얼굴'이다. 사람의 얼굴을 네 개 새긴 커다란 바위는 길이가 60미터에 넓이는 5.17제곱미터에 이른다. 제작 기간은 14년에 달한다. 바위에 새겨진 얼굴의 주인공은 미국 건국에 큰 공헌을 한 네 명의 대통령이다. 왼쪽에서부터 초대 대통령 조지 워싱턴, 3대 대통령 토머스 제퍼슨, 26대 대통령 시어도어 루스벨트, 16대 대통령 에이브러햄 링컨이다. 그중 토머스 제퍼슨은 미국 독립선언서를 작성한 인물로 역대 미국 대통령 중 가장 진보적인 지도자로 평가받는다. 많은 미국인이 가장 존경하는 대통령으로 꼽을 만큼 미국에서 자유주의의 발판을 마련하는 데 큰 역할을 했다. 그래서 그는 미국의 도약을 상징하기도 한다.

미국이 영국의 식민지이던 시절, 변호사였던 토머스 제퍼슨은 미국을 탄압하는 영국의 부당한 대우에 반대하며 동료들과 함께 독립선언서를 작성했다. 그 자리에는 미국 독립의 아버지이자 초대 대통령이 된 조지 워싱턴, 정치적 라이벌인 존 애덤스도 있었다. 2대 대통령인 존 애덤스와 토머스 제퍼슨은 독립운동을 함께 이끈 동료였지만 미국이 독립하고 나서는 다른 정치관으로 항상 치고받던 경쟁자였다.

존 애덤스가 대통령을 지낸 당시 부통령이었던 토머스 제퍼슨은 그의 정책을 일일이 반대했다고 한다. 둘은 성격도 달랐다. 존 애덤스는 언변이 뛰어난 외향적인 인물이었던 것에 비해 토머스 제퍼슨은 말주변은 없었지만 뛰어난 문장력과 필력으로 사람들을 감화하는 능력이 있었다. 견원지간이던 두 대통령은 임기가 끝난 후에 화해하며 다시 절친한 친구 사이가 되었다.

글쓰기를 좋아하고 학자 성향이 강했던 제퍼슨은 대통령 임기가 끝난 후에도 자택에서 책을 쓰거나 공부를 하는 일상을 보냈다. 그러다 말년에 이르러 엉덩이에 커다란 종기가 났다. 오랫동안 딱딱하고 불편한 의자에 앉는 생활 습관 탓이었다. 그는 엉덩이 종기를 치료하기 위해 미네랄을 넣은 물에 목욕을 하거나 유황과 수은이 들어간 연고를 발랐지만 이는 오히려 그의 병을 더욱 키우는 결과만 낳았다. 결국 종기는 악화해서 세균이 혈관을 타고 번지는 패혈증으로 이어졌고 나중에는 신장으로 퍼져 신우염까지 불러왔다. 이 때문에 제퍼슨은 소변을 보기 힘들어했고 전립선 통증으로 고통받았다고 한다. 그렇게 말년에 투병 생활을 하던 그는 1826년 7월 4일에 사망했는데 이날은 미국의 독립기념일이었다.

우연의 일치로 평생의 라이벌이자 친구였던 존 애덤스도 같은 날 사망했는데 그의 마지막 말은 "제퍼슨은 살아 있다"였다. 그렇게 미국 건국에 이바지했던 두 전직 대통령은 독립기념일에 5시간 차이로 나란히 세상을 떠났다.

나는 배가 아프면 일기를 써

이순신

약사의 맞춤 처방전

성명	이순신
출생	1545년 4월 28일
사망	1598년 12월 16일
주소	한성부 건천동
직업	삼도수군통제사
증상	땀이 옷을 다 적실 정도로 열이 남 설사와 복통이 잦음
진단	이질
처방 의약품	경구수액
특이사항	아파도 포기를 모르는 남자 기록하기에 철저한 파워 J(계획형) 다이어리 좋아함

'이순신을 삼도수군통제사로 재임명한다.'

왕의 명을 어긴 죄로 모진 고문을 당하고 백의종군하며 말단 병사로 싸웠던 이순신은 그렇게 다시 조선 바다를 지키는 삼도수군통제사로 임명되었다. '이순신을 살려둘 수 없다'며 노발대발하던 임금 선조가 다시 그에게 나라의 안위를 맡길 만큼 조선의 상황은 풍전등화와 같았다. 조선 수군은 일본과의 칠천량해전에서 대패했다. 통제사였던 원균이 사망하고, 그동안 모아왔던 100척의 판옥선과 거북선은 바닷속으로 가라앉았다. 돌아온 이순신이 마주한 전쟁터는 더욱 절망적이었다. 수군 기지와 근처 마을에는 부상을 입은 병사와 부서진 배가 가득했다. 새까만 잿더미가 된 마을로 들어서자 시체 썩는 냄새가 코를 찔러왔다. 병영에는 죽음의 기운이 감돌았다. 배도, 사람도 멀쩡한 것이 없었다. 오랜 전쟁으로 굶주린 백성들과 거듭되는 패전을 겪은 군인들의 눈빛에는 절망만이 가득했다. 조선 수군과 백성들을 죽이는 것은 전쟁뿐만이 아니었다. 병졸들이 시체가 쌓인 수레를 끌고 지나가고 있었다. 한쪽에는 병들어 죽은 사람이 묻히지도 않고 그대로 방치되어 있었다. 옆에 있던 보좌관이 말했다.

"군영과 마을에서 역병이 돌고 있습니다. 하루에 200명씩 죽어 나가니 어찌할 방도가 없습니다."

"조정에 의원과 약을 요청하지 않았느냐?"

"송구하오나 그것이⋯⋯."

이순신은 알고 있었다. 지금 조정은 싸울 준비조차 안되어 있었다. 병사와 무기도 제대로 없는 통에 의원과 약품 지원은 사치였다. 통제사로 돌아온 그는 가장 먼저 남은 병사와 배의 숫자를 파악했다. 병사는 얼마 없었고 그마저도 대부분 부상병이었다. 300척이 넘던 함대는 겨우 열두 척밖에 남지 않았다. 무기와 배는 낡고 녹슬었으며 병사들도 오랜 전쟁과 역병으로 쓰러져갔다.

'과연 남아 있는 이 병사들로 조선 바다를 지킬 수 있겠는가?'

그때 멀리서 말을 탄 사신이 달려왔다. 사신의 손에는 이순신에게 보내는 임금의 서신이 들려 있었다.

'이제 해전은 가망이 없으니 조선의 수군을 폐지하고 충청도로 후퇴하는 것이 어떤가?'

선조는 이순신에게 해군을 버리고 육지로 올라와 싸울 것을 권하고 있었다. 이순신은 바다를 한참 동안 바라보았다.

'육지에는 방도가 있는가? 아니다. 바다를 내주면 조선의 미래는 없다.'

그는 붓을 들어 답장을 썼다. 자신을 한 번 버렸던 조선의 임금에게 보낼 서신을.

'신에게는 아직 열두 척의 배가 남아 있습니다.'

질병은 제3의 군대

전쟁은 군대와 군대, 국가와 국가 간의 싸움이다. 더불어 '인간과 질병과의 싸움'이기도 했다. 사람이 다치고 죽는 전쟁터에서 수많은 감염병이 창궐했기 때문이다. 전쟁터는 질병이 전파되기에 최적의 장소다. 많은 인원이 좁은 공간에서 함께 생활하며 식사, 배변을 비롯한 일상을 공유한다. 여기에 더해 근무 환경이 매우 척박하고 부상을 입는 일도 일상다반사. 무엇보다도 깨끗한 식수와 청결한 식사가 나오지 않는 환경이 가장 큰 문제였다. 초소와 병영, 전투식량의 위생이 불결하니 질병이 안 퍼질 수가 없었다. 그래서 역사를

이순신 장군이 이끈 한산대첩이 벌어진
한산도 앞바다. 이 해전은 학익진 전법으로
널리 알려져 있다. 이순신은 한산대첩을
비롯한 여러 전투에서 왜군에 크게 승리하며
조선 바다의 든든한 수호신으로 떠올랐다.

보면 인류 감염병의 72%는 전쟁 중에 창궐했다. 전장 의료
품이 제대로 확립되지 않은 시기에는 총과 칼로 사망하는
군인보다 질병으로 죽는 군인의 수가 많았다. 다음은 1차 세
계대전 당시 야전병원에서 기록한 부상 통계다.

1위: 발열 8.7%

2위: 결합 조직의 염증 7.9%

3위: 참호족 6.8%

4위: 인플루엔자 6.6%

5위: 옴, 기생충 6.1%

6위: 폭탄 파편 4.9%

7위: 총격 4.7%

1위에서 5위까지 모두 열악한 전쟁터 환경 때문에 생긴
질병이다. 그래서 군인들은 전쟁터에서 생기는 질병을 '제3
의 군대'라고 불렀다.

여러 군대 중에서도 바다에서 싸우는 수군은 상대적으
로 더 많은 질병에 쉽게 노출되었다. 배에는 의료시설과 인
력이 턱없이 부족했고, 좁고 습한 공간에서 수많은 인원이
생활했기에 세균이 증식해 질병이 퍼지는 일이 많았다. 감
기·인플루엔자·기생충 감염·피부병·패혈증 등 전쟁터에서
자주 생기는 질병에는 여러 가지가 있지만, 임진왜란 때 특

히 기승을 부린 질병은 바로 이질이다.

이질은 시겔라균이 일으키는 세균 감염병으로 대장염을 일으킨다. 이질에 감염되면 12시간 정도 뒤에 증상이 나타나는데 몸이 끓어오르는 듯한 발열과 복부 통증, 무엇보다도 끝없이 나오는 설사에 시달리게 된다. 과거 '설사병'이라 부른 질병은 대부분 이질이다.

이질이 무서운 이유는 '빠른 전파'에 있다. 이질균은 환자의 분변이 음식이나 물을 통해 다른 사람의 입으로 들어가면서 널리 퍼진다. 작은 이질균 열 마리만 있어도 이질병에 걸릴 수 있다. 그래서 한 번 감염이 시작되면 한 부대가모두 이질병에 걸리는 데는 1주일이 걸리지 않았다. 과거에비해 훨씬 위생 상태가 청결한 현대 사회에서도 한 가구당이질에 옮을 확률이 40%나 된다고 하니 이질의 전파력이얼마나 어마무시한지 알 수 있다. 이질 환자는 4~7일간 증상을 겪다가 자연히 회복한다. 그러나 그 기간 내내 발열과설사로 고생한다. 과거에는 몸에 수분이 모조리 빠져나가는탈수 증상으로 전해질이 부족해져 사망에 이르기도 했다.사실 이질을 예방하는 방법은 간단하다. 우리가 잘 알고 있는 '손 씻기'와 '음식 익혀 먹기'다. 위생 관리와 음식 조리만잘해도 이질균 대부분을 막을 수 있는 셈이다.

역병을 예방하고 치료하는 것은 전쟁의 승패를 가르는중요한 요소였다. 부상병을 치료하는 지식을 담은 조선 시대의 전문의학서 《군중의약軍中醫藥》에서 가장 먼저 나오는 치료법도 역병에 대한 것으로, 학질과 이질이 유행할 때의 대처법이다. 무기에 부상을 입거나 화상, 동상에 걸린 신체를 치료하는 방법이 그 뒤를 잇는다. 이러한 순서를 보면 질병 치료를 그 무엇보다 우선시했음을 알 수 있다. 《임진장초壬辰狀草》에 적힌 기록을 보면 조선 수군을 지휘하는 장군들이 모여서 감염병에 대한 중요한 사항을 논의했음을 알 수 있다. 《임진장초》는 임진왜란 때 이순신이 전투 상황과 군대 운영에 관한 여러 문제를 조정에 보고한 문서다.

> 대개 수군들은 먼바다에 진을 친 지 벌써 5개월이 되어 군정이 풀어지고 예민한 기질도 꺾였는데, 감염병이 크게 번졌습니다. 진중의 군졸들이 태반이나 감염되어 사망자가 속출하고 있으며, 더구나 군량이 부족해 계속 굶던 끝에 병이 나면 반드시 죽게 됩니다. 《임진장초》, 1593년 8월 10일

위 기록은 어느 장군이 일본군의 상황을 파악해 보고한 내용이다. 7년이라는 긴 시간 동안 타국의 바다에서 생활한 일본 수군 또한 감염병 때문에 고역을 치렀다는 사실을 알 수 있다.

혼란의 시대에 앓은 만성 이질

《난중일기亂中日記》는 임진왜란 때 이순신 장군이 전장에서 쓴 일기다. 조선과 일본 군대와 전쟁 상황에 대한 기록이 대부분이지만 어머니와 아내, 자식들을 그리워하는 마음, 절친한 사이였던 류승룡에 대한 걱정 등 사사로운 이야기가 중간중간 들어가 이순신 장군의 인간적인 모습도 엿볼 수 있다.《난중일기》에는 부상과 질병을 기록한 내용도 있다. 조선 수군과 백성들을 괴롭힌 역병뿐만 아니라 이순신 본인이 병에 걸려 고초를 겪은 이야기도 나와 있다. 이순신 장군은 전쟁 중 아픈 티도 내지 않았을 것 같지만 실은 그렇지 않다.《난중일기》에는 각종 질병 이야기가 총 43회 나오는데 그중 본인의 병에 관한 기록이 21회나 등장한다. 이순신 장군도 전쟁 기간에 여러 질병으로 고생했다는 사실을 엿볼 수 있다.

> 초저녁에 토사곽란(구토, 설사, 복통)을 만나 1시간이나 고통받다가 감경에 조금 가라앉았다.《난중일기》, 1596년 3월 25일

> 곽란으로 인사불성, 뒤도 돌아보지 못했다.《난중일기》, 1597년 8월 22일

이순신 장군이 기록한 《난중일기》와
임진왜란 당시의 상황을 조정에 보고한 문서
《임진장초》. 이 기록들을 보면 감염병이
전쟁터에서 얼마나 위협적인 존재였는지 알
수 있다.

이순신 장군은 특히 위장관에 탈이 나서 고생한 듯 보인다. 배가 아프고 구토와 설사를 자주 했다는 기록이 있다. 복통과 고열이 함께 와서 땀이 옷을 적시고 제대로 서 있지도 못했다는 기록도 종종 등장하는데 이는 이질의 증상과 일치한다. 일기 중간에 어머니도 이질에 걸렸다는 이야기가 있다. 이순신 장군 역시 이질을 앓지 않았을 것으로 추측된다.

오늘날 이질은 치명적인 질병이 아니지만 과거에는 많은 군인을 죽음으로 이끌었다. 한 번 이질이 퍼지면 같은 배에 있던 군인들이 모조리 감염되었다. 하루 종일 설사와 구토를 하고 몸이 야위다 보니 전투력과 사기까지 땅에 떨어졌다. 이질로 사망하지 않더라도 한 번 몸이 허약해진 병사들은 쉽게 다른 질병에 걸려 목숨을 잃었다. 1593년의 기록을 보면 전라 좌수군이 총 6,200명 정도 되었는데 그해 병력의 10%인 600명이 역병으로 숨졌다고 한다. 교전으로 목숨을 잃은 인물이 150명임을 감안하면 칼보다 역병이 더 많은 사람을 죽인 셈이다.

많은 일반 백성도 감염병으로 목숨을 잃었다. 역병이 마을 전체에 퍼지자 군량미를 미죽으로 만들어서 사람들에게 나누어주었다는 기록도 있다. 이순신은 의원과 약을 보내달라는 서한을 조정에 보내기도 했다. 하지만 조선 시대 군사 업무를 관장한 비변사에서 내놓은 대책은 황당했다.

역병 귀신을 물리치기 위한 제사를 지내자는 것이었다. 제대로 된 보급도 어려운 와중에 조정 대신들의 탁상공론은 전쟁을 더욱 힘들게 했다.

조선 시대 관장약, 온백원

> 이른 아침에 몸이 몹시 불편하여 온백원 네 알을 먹었다.
> 《난중일기》, 1593년 5월 18일

《난중일기》에는 평소 위장장애가 심했던 이순신 장군이 애용한 특효약에 관한 이야기가 나온다. 온백원溫白元이라 부른 이 약은 천오두·오수유·길경·시호·황련 등의 생약을 가루로 만든 다음 벌꿀과 섞은 환약이다. 한방약 중에서도 효과가 빠르고 강하게 나타나는데, 특이하게도 이 약을 먹으면 설사를 한다. 온백원은 오늘날의 관장약인 셈이다. 그렇다면 위장이 좋지 않은 이순신은 왜 온백원을 먹은 것일까? 이 약은 설사를 통해 몸속의 독소를 빼낸다. 이순신이 온백원을 즐겨 먹은 것은 나쁜 독소를 더 빨리 배출하기 위해서였다. 그래서 온백원은 변비나 숙변을 없애기 위해서 복용하기도 한다. 설사로 이질균이 가득한 대장을 빨리 비울 수 있었으니 당시에는 이질 치료에 좋은 선택이었다. 이렇게 인위적으로 설사를 해서 병을 치료하는 방법을 사하법瀉下法이라고 한다.

사하법은 우리나라뿐만 아니라 외국에서도 오랫동안 쓴 치료법이다. 고대 그리스·로마 시대의 위대한 의학자 히포크라테스 역시 설사를 통해 독소를 없애는 사하법을 권장했고 이 방법은 현대 의학에서 새로운 치료법을 개발하기 전까지 널리 이용되었다. 하지만 지금은 꼭 필요한 경우가 아니라면 사하법을 권장하지 않는다. 설사는 병의 근본적인 원인을 없애는 것이 아닐뿐더러 설사를 많이 하면 몸에 치명적일 수 있기 때문이다.

설사를 많이 하면 말라 죽는다?

설사를 많이 하면 사람이 죽기도 할까? 정답은 '그렇다'다. 설사를 하면 우리 몸에서 수분이 가장 많이 손실되며 그다음으로 나트륨과 칼륨 같은 전해질이 빠져나간다. 전해질은 신경계·심장·근육 등의 인체 기관이 작동하는 데 꼭 필요한 성분이다. 그래서 탈수로 전해질이 없어지면 가볍게는 피로감과 무기력증을 느끼지만, 정도가 심해지면 심장이 잘 뛰지 못하게 되고 의식이 혼미해지며 사망에 이를 수 있다. 안타깝게도 이런 증상은 특히 몸이 작은 어린아이들에게 더 치명적이다. 그래서 지금도 전 세계 5세 미만 아동의 주요한 사망 원인이 설사다. 1년에 거의 200만 명의 아이들이 설사로 인한 탈수로 사망한다.

설사병을 치료하기 위해서는 무엇보다 수분과 전해질을 빠르게 공급해야 한다. 이를 위해 사용하는 것이 경구수액ORS, Oral Rehydration Solution이다. 경구수액은 입으로 복용해 탈수를 예방하는 수액이다. 나트륨과 전해질, 물로 이루어져 있으며 인체에 빠르게 흡수된다. 집에서도 손쉽게 경구수액을 만들 수 있다. 물 500밀리리터에 소금 4분의 1 티스푼(1.25그램), 설탕 1테이블스푼(15그램)을 섞으면 된다. 별것 아니어 보이지만 이 수액은 항생제만큼이나 많은 환자를 구했다.

경구수액을 발명한 인물은 인도의 소아과 의사 딜립 마할라나비스Dilip Mahalanabis다. 방글라데시 전쟁 때 그는 보호소에서 많은 난민, 특히 어린아이들이 콜레라에 감염되어 죽는 모습을 보았다. 콜레라의 주요 증상 역시 이질처럼 심한 설사다. 설사 다음에 이어지는 탈수로 많은 환자가 목숨을 잃은 것이다. 주사로 수액을 투여하는 정맥수액 요법은 환자에게 일일이 주사를 놔야 해서 많은 시간과 비용이 들었다. 그래서 고민 끝에 그는 염화나트륨과 전해질을 적절한 비율로 섞은 경구수액을 만들어 난민들에게 사용했다. 이 수액은 간편하게 먹을 수 있었고 만들기도 쉬워서 많은 환자가 빠르게 효과를 보았다. 난민들 사이에서 설사병으로 인한 사망률이 크게 떨어지자 다른 의사들도 경구수액의 효과를 인정하게 되었다. 세계보건기구WHO는 설사병을 치료할 때 경구수액을 사용할 것을 공식 승인했다. 곧 105개국의 나라에서 설사병 환자에게 경구수액을 투여하게 되었다. 설사병으로 인한 5세 이하 소아 사망률은 1980년에서 2008년 동안 75%나 감소했다. 경구수액이 6,000만 명의 목숨을 구한 것이다.

조선 수군에게 경구수액이 있었다면

> 기한이 넘어도 교체해주지 못한 것, 추워도 입혀주지 못한 것, 역질이 생겨 시체가 날로 쌓이게 된 것 등 모든 실상을 알고 있으며 이런 상황을 긍휼히 여긴다. 1594년 9월 수군을 위로하는 선조의 교서 중에서

위 내용은 선조가 열악한 환경에서 싸우는 조선 수군에게 보내는 교서의 내용이다. 당시 조정에서 수군을 제대로 지원해주지 못했음을 알 수 있다. 조선 수군에 징용되어 배에 올랐다가 다시 육지로 돌아오는 병사는 딱 두 부류였다. 전쟁이 끝나서 돌아왔거나 해전 중에 사망했거나.

명량대첩을 압승으로 이끈 이순신의 공을
기리기 위해 세운 해남 명량대첩비.
이순신은 이 전투에서 열세 척의 배로
133척이나 되었던 일본 수군을 격파했다.

'살고자 하면 죽을 것이요, 죽고자 하면 살 것이다.'

이순신 장군의 이 한마디는 당시 조선 수군의 상황이 어떠했는지를 잘 설명해준다. 바깥으로는 일본군의 조총이 그들을 향하고 있었고 안으로는 이질과 각종 질병이 들끓는 지옥이었다. 그러나 열악한 환경과 군사적 열세에도 조선 수군은 바다를 지키겠다는 일념으로 목숨을 불태웠다. 그 결과 명량대첩에서는 단 열세 척의 함선으로 133척의 일본 수군을 이겼다. 이순신 최후의 전투였던 노량해전에서는 일본 함선 200여 척을 격침했다. 하지만 이순신 장군이 이룬 23전 23승의 화려한 승전보 뒤에는 많은 백성과 수군의 희생이 있었다. 총칼 대신 역병 때문에 스러진 수많은 목숨은 전쟁의 참혹함을 더욱더 키웠다. 임진왜란 시기에 경구수액이 있었다면 어땠을까? 적어도 이질로 힘겨워하는 백성을 구하고 조선 수군의 사망률도 낮출 수 있었을 것이다. 각종 역병에 고통받던 백성과 군사들에게 조금이나마 도움이 되지 않았을까?

앓아누운 세계사_해적왕의 죽음

역사적으로 유명한 해적이 많다. 16세기에 활동한 영국의 프랜시스 드레이크Francis Drake는 특히 악명 높은 해적임과 동시에 탐험가였다. 그는 영국의 여왕 엘리자베스 1세의 든든한 지원 덕분에 정치적으로도 성공한 인물이다. 교활하면서도 대범하고 저돌적이었던 행적으로 영국에서 그에 대한 평가는 극명하게 갈린다.

영국 해적 드레이크는 대서양을 누비며 악명을 떨쳤다. 당시 유럽 국가들은 바닷길을 통한 무역로를 활발하게 개척하고 있었다. 식민지에서 가져온 보물과 향신료 등을 배로 운반했다. 드레이크는 주로 무역로를 지나다니는 스페인과 포르투갈의 선박을 약탈했고, 아프리카에서 노예를 잡아와 파는 노예 상인으로도 활동했다. 스페인 상인들은 그를 '용'이라는 뜻의 엘 드라케El Draque라 부르며 두려워했다. 그의 무자비함에 스페인 왕 펠리페 2세는 드레이크에게 현상금을 걸었는데 그 금액은 2만 두캇으로, 당시 영국 돈으로는 400만 파운드에 이르는 거금이었다고 한다. 하지만 이런 악명은 드레이크에게 오히려 기회로 다가왔다.

식민지 시대에 해상권을 장악하기 위해 고심하던 영국의 여왕 엘리자베스 1세는 해적왕 드레이크에 관해 듣고 그에게 큰 관심을 보였다. 여왕은 드레이크를 사략선, 즉 국가를 위해 일하는 해적선의 선장으로 고용했다. 스페인 함대는 노련한 드레이크 앞에서 고전을 면치 못했다. 영국은 드레이크의 활약 덕분에 스페인과 어깨를 나란히 할 정도로 해상권을 장악할 수 있었다.

드레이크가 유명해진 이유는 또 있다. 그가 세계일주에 성공한 두 번째 인물이기 때문이다. 스페인 출신의 항해가 페르디난드 마젤란Ferdinand Magellan이 처음으로 세계일주를 해내자 영국도 가만히 있을 수 없었다. 드레이크는 선원 164명과 함께 세계일주라는 거대한 모험에 도전했다. 후원자의 이름을 딴 황금사슴golden hind 함대는 1577년부터 1580년까지 3년이란 시간 동안 아프리카 해안을 따라 대서양을 지나서 남아메리카에 도착했고, 유명한 마젤란해협을 지나 영국으로 돌아왔다. 비록 60명의 선원을 잃었지만 그의 배는 엄청난 보물과 명예를 싣고 돌아왔다. 이에 크게 만족한 엘리자베스 1세 여왕은 1581년 해적 신분이었던 드레이크에게 기사 작위를 수여했다.

이후에도 드레이크는 사략선을 타고 해적질을 이어갔다. 그는 대포알이 발밑에 떨어져도 살아남을 정도로 운이 좋았다. 하지만 질병으로부터는 운이 좋지 못했다. 1596년 스페인 선박을 공격하러 푸에르토리코로 떠난 것이 그의 마지막 원정이 되었다. 열악한 해적선의 환경 때문에 이질에 걸린 것이다. 병원도 없고 제대로 된 약도 없는 배 위에서 그는 끔찍한 고통에 서서히 쇠약해져 갔다. 죽음을 감지한 그는 자신의 시체에 갑옷을 입힌 다음 관에 담아 바다에 버려 달라고 유언했다. 유언에 따라 그의 시신은 장례식을 치른 후 평생 그가 몸담은 바다 한가운데로 가라앉았다. 그의 시신이 정확히 어디에 있는지는 아직까지 미스터리로 남아 있다.

천연두에는 굿이 딱이야
숙종

약사의 맞춤 처방전

성명	이순
출생	1661년 10월 7일
사망	1720년 7월 12일
주소	한성부 경덕궁
직업	조선 19대 왕
증상	열이 심하게 남 의식이 혼미해짐 온몸에 발진이 생김 흉한 고름과 딱지가 몸 여기저기에 남음
진단	천연두
처방 의약품	천연두 백신
특이사항	피도 눈물도 없는 정치 사회적 거리 두기의 원조 〈장희빈〉을 비롯한 사극 단골

"마마, 아니 되옵니다. 어찌 신성한 궁궐에 천한 무당들을 들이려 하십니까?"

대낮부터 조선 궁궐에서 한바탕 큰 소동이 벌어졌다. 임금 숙종의 어머니인 명성왕후 김씨가 마음대로 무당들을 궁궐로 들였기 때문이다. 신하와 궁중 의원 들이 명성왕후의 처소 앞에 모여 읍소했다. 하지만 명성왕후는 단호했다.

"그럼 대감들은 마땅한 수라도 있단 말이오? 주상 전하의 병세가 차도를 보이지 않고 있소. 이제 내 직접 천지신명께 굿을 드리고 용서를 빌 것이오."

신하들은 아무 말도 할 수 없었다. 이미 병상에 드러누운 숙종은 1주일째 끙끙 앓고 있었다. 왕실 의원들이 달라붙어 온갖 약재와 치료법을 써도 소용이 없었다. 숙종에게 남은 시간이 얼마 없다 생각한 어머니 명성왕후에게 그깟 궁중 법도가 무슨 대수였겠는가.

"지금부터 궁궐 내 모든 연회와 잔치를 금하오. 나를 포함한 모든 이의 밥상은 간소하게 차릴 것이오. 함부로 떠들거나 공사하는 것 또한 허락지 않겠소. 아울러 두신을 위한 굿을 행할 것이니 경들은 그리 아시오!."

며칠 후 궁궐은 알록달록한 삼색기와 붉은 양산으로 수놓였다. 각종 과일과 떡, 음식이 가득한 술상이 펼쳐졌다. 이것은 '두신'이라 부르던 신을 위한 술상이었다. 왕후를 비롯한 사람들은 예의를 갖춰 옷을 입고 앉았다. 곧이어 무당들이 나왔고 궁궐 한복판에서 굿판이 벌어지는 진풍경이 펼쳐졌다. 왕후와 신하들은 연신 절을 하며 두신께 빌었다.

"앵두밭에 드시면 보람 삼일 받으시고, 콩밭에 드시면 관롱 삼일 받으시고, 녹두밭에 드시면 노란 진 받으시고, 팥밭에 드시면 검은 다지 받으시고."

도대체 얼마나 무서운 병이었기에 궁궐 한복판에서 굿판을 벌였을까? 조선에서 이 병은 여러 가지 이름으로 불렀다. 두신, 두창신, 손님, 호환 마마 등등. 우리나라뿐만 아니라 인류 역사에서 가장 많은 사망자를 낸 질병. 치사율이 높고 끔찍한 후유증을 가져온 질병. 그런데도 조선에서 온갖 신 대접을 받았던 이 병은 바로 '천연두'다.

신 대접을 받은 바이러스

천연두는 천연두 바이러스에 의해 전파되는 감염병이다. 천연두가 무시무시한 질병으로 사람들에게 각인된 것은 높은 사망률뿐만 아니라 병을 앓을 때 나타나는 신체 변화 때문이었다. 천연두에 걸리면 고열과 함께 심한 통증이 오고 의식이 혼미해지면서 발작이 일어났다. 온몸에는 발진이 생기고 보기 흉한 고름과 딱지가 생겼다. 걸렸다 하면 2주일 안에 사람이 죽었고, 설사 살아남아도 고열 때문에 신경세포가 손상되어 장애인이 되기도 했다. 게다가 끔찍한 고름 자국이 얼굴에 남아서 평생 곰보라고 놀림받으며 살아야 했다.

천연두 바이러스는 공기 중으로 전파되어 퍼져나가기 쉬웠고 조선 시대에는 마땅한 치료법도 없었기에 걸리면 다섯 명 중 한 명은 사망하는 병이었다. 천연두는 한 번 창궐하면 한 마을을 통째로 휩쓸고 지나갔다. 조선 역사를 자세히 기록한 《조선왕조실록》에도 1392년부터 1910년까지 천연두에 대한 기록이 50회나 나온다 하니 한반도에 얼마나 자주 창궐한 질병인지 알 수 있다.

조선인들은 천연두를 얼마나 무서워했을까? 사람들은 사악한 악귀가 몸에 들어오면 병이 생긴다고 여겼다. 그리고 이 악귀를 쫓아내는 것이 병을 치료하는 방법이라고 생각했다. 하지만 천연두는 그 전파력과 치사율이 악귀 수준을 훨씬 뛰어넘는 질병이었고 무속이나 각종 민간신앙으로도 해결하지 못하는 재난이었다. 그래서 사람들은 오히려 천연두를 두신, 손님, 마마님이라 높여 불렀다. 그리고 천연두를 일으키는 신이 그저 조용히 지나가기를 바라며 극진히 대접했다.

천연두라는 질병 앞에 인간이 얼마나 무기력할 수밖에 없었는지는 근대 기록에서도 찾을 수 있다. 1893년 한국에서 선교사이자 의사로 일하던 올리버 애비슨의 기록에 이런 이야기가 나온다.

> 진료실에 온 한 여성 환자와 대화를 나누었다. 그녀는 자식을 열한 명이나 낳았다고 했다. 나는 그녀에게 물었다.
> "그중 몇 명이나 살아 있습니까?"
> "아무도요……. 모두 어릴 때 죽었어요."
> "맙소사, 무슨 일입니까?"
> "천연두 때문이에요. 많은 아이가 천연두로 죽었어요. 조선인들은 아기가 천연두를 무사히 치를 때까지 식구로 치지 않습니다."

그 시절 천연두라는 질병이 얼마나 무섭고 두려운 존재였는지 알 수 있다.

천연두 덕분에 왕비가 된 여인

천연두 이야기에 빼놓을 수 없는 인물이 있다. 바로 조선의 대표 미인인 '장희빈'이다. 장희빈은 왕의 후궁으로서 받은 이름 희빈 장씨를 줄인 것이고, 본래 이름은 장옥정이다. 본래 궁녀였다가 빼어난 미모로 왕인 숙종의 마음을 얻고 왕비 자리에까지 오른 장희빈의 이야기는 여러 드라마와 영화로 만들어졌다. 객관적 사료를 전달해야 하는 《조선왕조실록》에도 '그녀의 미모가 사뭇 아름다웠다'라는 내용이 등장한다. 천연두는 숙종을 비롯한 왕실 인물들에게 큰 고통을 주었지만, 장희빈은 오히려 천연두로 득을 본 인물이었다. 천연두가 없었다면 장희빈도 없었을지 모른다.

19세인 조선 임금 숙종에게는 왕비 인경왕후가 있었다. 둘은 어린 나이에 혼약을 맺었음에도 금실이 좋았다. 그러나 1680년 10월 인경왕후가 그만 천연두에 걸리고 말았다. 오늘날 감염병이 들면 자가격리를 하듯이 숙종은 거처를 옮기고 인경왕후를 만나지 못했다. 그러다가 충격적인 소식이 들려왔다. 인경왕후가 천연두에 걸린 지 8일 만에 사망한 것이다.

아내를 8일 만에 떠나보낸 숙종의 마음이 어떠했겠는가? 마음을 잡지 못하고 방황하던 그때 그에게 접근한 인물이 있었으니 바로 궁녀였던 장희빈이었다. 당시 조정은 남인과 서인이라는 당파로 분열되어 있었는데, 장희빈은 왕실을 장악하고 있던 서인 세력을 전복하려고 남인이 일부러 왕에게 접근하게 한 인물이었다. 일종의 미인계라고 할까? 서인 세력을 지지하며 이 상황을 지켜보던 대비 명성왕후 김씨는 장희빈이 숙종을 만나지 못하게 했다. 명성왕후가 궁궐에 있는 이상 장희빈은 다시 궁궐에 발을 뻗지 못할 처지였다. 그때 반전이 일어났다. 숙종이 천연두에 걸린 것이다.

천연두는 한 번 걸리면 다시는 걸리지 않는다고 알려져 있었다. 그래서 '죽기 전에 한 번은 반드시 걸린다'는 의미로 백세창百歲瘡이라고도 불렀다. 이는 천연두를 앓고 나으면 면역이 생기기 때문이다. 문제는 숙종이 천연두에 걸린 적이 없다는 것이었다. 조선 전역에 천연두가 유행하자 왕실은 천연두로부터 숙종을 지키기 위해 온갖 방법을 동원했다. 그중에는 감염병 전파를 막기 위한 강력한 거리 두기 정책도 있었다. 신하들은 회의나 보고를 할 때 왕을 대면할 수 없었다. 많은 사람이 모이는 과거 시험장은 멀리 떨어진 창덕궁 인정전으로 옮겼다. 왕의 처소를 드나드는 나인들은 엄격하게 제한했다.

이런 노력에도 불구하고 숙종은 1683년 10월 천연두에 걸리고 말았다.

창덕궁 인정전. 숙종이 천연두에 걸리는
것을 막기 위해 과거 시험장을 이곳으로
옮겼다. 이 밖에도 조선 왕실은 왕의 처소를
드나드는 나인들을 엄격하게 제한하고,
신하들과 비대면으로 업무를 보는 등 강력한
거리 두기 정책을 시행했다.

> 임금이 편치 못하니 곧 두질이었다. 《숙종실록》, 1683년 10
> 월 18일

안타깝게도 당시 조선에서 천연두의 치료법은 중구난방이었다. 의사마다 치료법이 제각각이었다. 《동의보감》에서는 적소두·흑두·녹두라는 세 가지 콩으로 만든 한약인 삼두음三豆飮을 처방하라 하고, 정약용이 쓴 《마과회통麻科會通》이라는 의서에는 사람의 똥에 달걀을 섞어 먹거나 두더지를 달여 즙으로 먹으라는 처방이 나온다.

민간신앙에서도 두창을 막는 방법은 희한한 것이 많았다. 사람들은 두창신이 노하면 환자를 죽일 것이라 생각해서 손님을 맞듯 두창신에게 정성을 다해야 한다고 생각했다. 마을에 두창이 돌면 집집마다 대문과 방 앞에 과일상을 차려놓거나 아침마다 정화수를 올려두고 기도를 드렸다. 두창신은 결벽증이 많고 까탈스러운 신이라 알려졌다. 그래서 부정을 탈 것 같은 행위를 모두 금지했다. 술을 마시거나 고기를 먹는 것, 잔치 같은 시끄러운 행사를 피했다. 욕설이나 경박한 말을 하는 것도 금지했고 소란스러움을 막기 위해 마을의 빨래터를 폐쇄하기도 했다. 만약 이런 정성에도 환자의 병이 잘 낫지 않으면 두창신께 용서를 구하며 빌어야 했다.

이미 3년 전 두창으로 인경왕후를 잃었기에 숙종마저

앓아눕자 어머니인 명성왕후의 걱정은 이만저만이 아니었다. 명성왕후는 숙종의 천연두를 낫게 하기 위해 갖은 치료법을 동원했다. 기록에 따르면 처음에는 숙종에게 승마갈근탕升麻葛根湯을 먹였다고 한다. 갈근탕은 칡의 뿌리로 만든 탕약인데 지금도 약국에서 몸살감기약으로 팔고 있다. 몸의 찬 기운을 떨쳐내는 이 약을 먹자 오히려 숙종의 증상이 심해졌다. 그래서 열을 가라앉히는 화독탕化毒湯을 투여하니 증상이 나아졌다고 한다. 하지만 병이 완치되지 않자 결국 무당을 불러들여 민간신앙을 행하려 했다. 굿판도 벌였지만 상황은 나아지지 않았다.

"어찌하면 좋겠는가?"

"두창신의 노여움이 크시어 그 화를 가라앉혀야 하는데, 전하의 어머니이신 대비께서 물벌을 받으셔야 할 듯하옵니다."

그래서 명성왕후는 한겨울에 차가운 물을 뒤집어쓰는 물벌을 받기 위해 밖으로 나왔다. 대비는 홑치마에 갓만 걸친 상태였고 궐의 우물에는 함부로 들어오지 못하게 발을 쳤다. 이윽고 궁중 나인들이 대비의 어깨에 차가운 물을 한 바가지 쏟아부었다. 주변에서 탄식이 들렸다.

"뭘 하느냐! 어서 붓지 않고? 내 몸소 천지신명께 용서를 빌겠다."

계속해서 물을 들이붓자 대비의 얼굴이 새파랗게 질리

기 시작했다. 연이은 물벌이 끝나고 나인들이 급하게 대비의 몸에 겉옷을 덮어주었다. 하지만 명성왕후는 이 일로 심한 몸살을 앓다가 죽고 말았다. 어머니인 명성왕후까지 잃자 숙종의 마음이 어떠했겠는가? 숙종은 궐에서 쫓겨났던 장희빈을 다시 불러들였다. 인현왕후와 혼약을 맺은 상태였지만 숙종은 또다시 장희빈의 아름다운 외모와 매력에 빠져들었다. 궁에 돌아온 순간 천하는 이미 장희빈의 손안이었다. 곧 장희빈은 숙종의 아들 윤을 임신했다. 후사가 없었던 숙종은 아들 윤을 원자에 책봉했다.

"한낱 후궁이 낳은 아들을 어떻게 원자로 책봉하시옵니까? 아니 되옵니다. 전하."

당연히 서인 세력의 강한 반발에 부딪혔다. 결국 숙종은 송시열을 포함한 서인들을 대거 내쫓게 되었는데 이를 기사환국己巳換局이라 한다. 중전의 자리에 앉은 장희빈의 권력은 하늘 높은 줄 모르고 치솟았다. 하지만 이 역시 운명의 장난일까? 둘째 아들이 태어난 지 100일도 안 되어 죽자 장희빈은 그 스트레스로 몸져눕게 되었다. 아픈 장희빈이 숙종과 함께하는 시간이 줄어들자 숙종은 또다시 다른 여자에게 한눈을 팔아 무수리 출신이던 숙빈 최씨를 품었다. 최씨가 숙종의 아이를 임신하자 이때다 싶었던 서인은 최씨와 결탁하고 남인과 장희빈을 몰아세웠다. 1694년 숙종은 한때 사랑했던 여인 장희빈의 애원을 외면하고 그녀를 빈으로 다시 강등했다. 그리고 서인 세력을 다시 궁으로 불러들였는데 이것을 갑술환국甲戌換局이라 부른다. 숙종은 장희빈에게 '스스로 목숨을 끊으라'는 명령을 내렸고, 이로써 비운의 여인이 된 장희빈의 파란만장한 삶은 막을 내렸다.

숙종에게 장희빈은 결국 정치적 난세를 극복하기 위한 도구일 뿐이었다. 하지만 숙종도 좋은 결실을 보지는 못했다. 그는 원래 장군 성향의 임금으로, 고집이 세고 한 번 결심하면 끝까지 이루고 마는 악바리 근성의 소유자였다. 하지만 천연두를 앓고 나서 후유증으로 몸이 많이 약해졌다. 말년에는 포만증과 안질 등 갖은 병에 시달리다가 간암으로 세상을 떠났다. 이후 아들 경종과 영조까지 천연두를 앓았으니 조선 왕실에는 천연두라는 질병이 뿌리 깊게 자리 잡고 있었다고 할 수 있다.

백신 덕분에 사라진 천연두

그렇게 무시무시한 천연두도 현대에 와서는 존재하지 않는 질병이 되었다. 세계보건기구는 1980년에 천연두의 종식을 선언했고, 이로써 천연두는 인류가 최초로 정복한 질병이 되었다. 인류가 천연두로부터 자유로워진 것은 천연두 백신의 발명 덕분이다. 천연두 백신은 18세기 영국에서 활동하던 에드워드 제너Edward Jenner라는 의사가 발명했다. 사람이 앓는 천연두와 비슷하게 소의 젖에 생기는 우두라는 병이 있다. 제너가 우두를 앓는 소의 고름을 채취해 사람에게 접종했더니, 그 사람은 가벼운 열과 통증을 겪었다. 그러면서 신기하게도 더는 천연두에 걸리지 않는 면역이 생겼다. 이것이 바로 우두법 백신이다. 백신의 효능을 입증하자 제너는 유럽 전역에 우두법 백신을 널리 알리고자 했지만 쉽지 않았다. 많은 사람이 백신을 맞으면 사람이 소로 변하거나 사망할 거라고 생각했기 때문이다. 하지만 제너는 꾸준히 백신 접종의 필요성을 알렸고 결국 수많은 유럽 인구를 천연두의 공포로부터 해방시키는 업적을 남겼다.

우두법은 이후 유럽에서 중국, 일본을 거쳐 우리나라로 들어왔다. 우리나라에서 우두법을 널리 전파한 인물은 바로 지석영 선생이다. 1879년 조선에 천연두가 창궐했을 때 지석영 선생의 조카딸이 천연두로 사망하고 말았다.

'한의학만으로는 답이 없다. 이대로는 많은 사람이 죽을 것이다. 서양에서 쓴다는 우두법을 배워야겠다.'

마침 부산의 제생의원이라는 곳에서 우두법을 사용한다는 소식을 들은 지석영 선생은 20일 동안 걸어서 부산으로 갔다. 이에 감동한 제생의원 원장은 그에게 우두법을 알려줬다. 하지만 한 가지 문제가 더 있었다. 조선에는 아직 천연두 백신에 들어가는 약인 우두묘를 제조하는 기술이 없었다. 그래서 그는 직접 일본에서 우두묘 제조 기술을 배워와서 우두 접종 기술을 전국에 알렸다. 하지만 그가 천연두를 치료하는 서양 기술을 가져왔다는 사실이 퍼지자 전국의 무당들에게 온갖 협박을 받았다. 당시 천연두를 막는 굿을 하고 제사를 지내며 돈을 벌던 무당들은 지석영이 일본 사람과 협력했다는 것을 트집 잡아 그의 집을 불태웠다. 지석영이 충청도의 한 시골 마을을 방문하자 사람들은 그가 어린아이를 죽이고 다닌다며 문전박대하기도 했다. 하지만 지석영은 꾸준히 우두 접종의 필요성을 알렸고, 1894년에 드디어 전국 어린이에게 백신을 의무적으로 접종하는 제도가 시행되었다. 그리고 1959년을 끝으로 우리나라에서 천연두는 자취를 감추게 되었다.

조선 역사를 바꾼 병

천연두는 우리 역사에 많은 변화를 가져왔다. 무속신앙으로 병을 치료하던 옛 관습에서 벗어나게 해주었고 주사로 미리 병을 막는 백신이라는 개념을 배우는 계기가 되었다. 과거에는 수많은 사람이 천연두로 죽었다. 천연두는 천민과 귀족을 가리지 않았다. 많은 충신과 왕족이 천연두로 목숨을 잃었고 그때마다 조선의 역사는 조금씩 다른 방향으로 흘러

숙종 시대에 만들어진 화폐인 상평통보.
숙종은 끊임없는 당파 갈등 속에서도 경제
안정을 위한 정책을 펼쳤다.

갔다. 천연두에 가장 치를 떨 왕은 아마 19대 왕인 숙종이 아닐까 싶다. 그 역시 천연두 때문에 목숨을 잃을 뻔했고 두 명의 아내와 두 아들까지 천연두에 걸렸으니 말이다.

숙종은 13세라는 어린 나이에 왕위에 등극했다. 하지만 당시 조선 왕실은 어린 임금에게 호의적이지 않았다. 끊임없는 당파 싸움, 정치적 보복, 피의 숙청이 자행되고 있었다. 특히 서인과 남인, 탁남과 청남, 노론과 서론이라는 당파 간의 갈등이 끊이지 않았다. 정치 싸움에서 진 무리는 역적으로 몰려 참수형에 처해지거나 유배를 갔다. 조선 정치는 말 그대로 죽기 아니면 살기였다. 그럼에도 숙종은 꿋꿋이 경제의 성장을 이끌었다. 상평통보라는 화폐를 제조하고 일본과의 무역을 번성시켜 조선의 재정을 부유하게 하는 업적을 남겼다. 숙종이 어지러운 정치판에서도 나라를 잘 다스릴 수 있었던 이유는 무엇일까? 그는 어찌 보면 피도 눈물도 없었다. 기회가 되면 자신을 따르던 충신, 심지어 사랑하는 이들도 정치적으로 이용해 각 세력 간의 균형을 유지했다. 어쩌면 그는 질병마저도 정치적으로 이용한 대단한 능력자는 아니었을까?

만약 숙종 시대에 천연두 백신이 존재했다면 어떠했을까? 그랬다면 숙종의 부인인 인경왕후가 죽지 않았을 것이고 장희빈이 조선 왕실을 장악하는 일도 없었을 것이다. 아울러 장희빈을 내쫓았던 명성왕후가 천연두 때문에 제사를 지내다 죽는 일도 없었을 것이다. 천연두를 막을 수 있었다면, 각종 정치적 사화와 갈등이 숙종의 치하에서 일어나지 않았을지도 모르겠다.

앓아누운 세계사_엘리자베스 1세의 비밀 화장품

"여왕 폐하가 살날이 얼마 남지 않은 것 같소. 슬슬 다음 후계자를 결정해야 하지 않겠습니까?"

1562년 영국의 여왕 엘리자베스 1세는 29세라는 젊은 나이에 고열과 몸살로 자리에 눕고 말았다. 여왕에게 닥친 시련은 다름 아닌 천연두였다. 당시 천연두는 유럽 전역을 공포로 몰아넣었다. 거지와 귀족을 가리지 않고 수많은 사람이 천연두에 걸렸다. 발병하면 어린이는 60%, 어른은 80%가 죽었기에 천연두에 걸리면 그때부터 죽은 사람 취급을 받았다.

병상에 누운 지 며칠 뒤, 운이 좋게도 병마는 엘리자베스 1세 여왕을 지나갔다. 하지만 여왕의 얼굴은 그렇지 못했다. 천연두가 지나간 얼굴에는 다른 환자들처럼 끔찍한 고름과 흉터가 가득했다. 여왕은 본래 적갈색의 깊은 눈동자, 붉은빛이 감도는 머리, 티끌 하나 없이 하얗고 매끄러운 피부를 자랑했다. 여왕의 건강한 외모는 대영제국의 위대함을 상징하기도 했다. 그러나 천연두는 한창 젊고 아름다웠던 여왕의 미모를 순식간에 앗아갔다.

엘리자베스 여왕은 천연두 흉터를 가리기 위해 이탈리아 베네치아에서 넘어온 비밀스러운 화장품에 손을 대기 시작했다. 그것은 베네치아 분Venetian Ceruse이라는 화장품이었다. 요즘의 파운데이션과 비슷한 역할을 한 이 화장품은 피부에 착 달라붙어서 얼굴의 흉터 자국을 가리기에 안성맞춤이었다. 여왕은 두터운 화장 때문에 창백해진 얼굴에 어울리도록 입술은 새빨간 안료로 칠하고, 눈썹은 얇고 진하게 그렸다. 그 모습은 흡사 어릿광대처럼 우스꽝스럽고 어색했다. 하지만 영국 여왕이 시도한 이 새로운 화장법은 곧 귀족층 사이에서 최신 유행으로 자리 잡았다. '엘리자베스 1세 화장법'은 지적이고 고귀한 상류층의 상징이 되었고 베네치아 분 역시 비싼 가격에 거래되었다.

하지만 베네치아 분은 생명을 담보로 하는 무시무시한 화장품이었다. 베네치아 분의 주요 성분이 백연이었기 때문이다. 백연은 탄산납$PbCO_3$이라고도 부르는데 중금속인 납을 함유하고 있다. 납은 신경계에 매우 치명적이다. 납에 많이 노출되면 뇌 손상과 발작, 혼수상태를 겪고 잘못되면 죽을 수도 있다. 뇌가 발달 중인 어린이에게는 납이 더 치명적이라 알려져 있다. 납은 위장관에도 영향을 끼쳐 메스꺼움·복통·설사를 일으킨다. 이뿐만 아니라 혈액·신장·간 등 온몸 곳곳에 악영향을 끼친다. 만성 신장질환의 원인이 되기도 하고 뼈와 치아에 쌓이면 골격질환을 일으킨다. 생식기에 문제를 일으키기도 한다. 이처럼 납은 위험한 물질이라서 현재는 시중 판매되는 제품들을 대상으로 '중금속 안전 기준 검사'를 시행한다. 납 성분은 완구류·건전기·섬유·가스

라이터 등의 생활용품과 전기용품에서 적지 않게 검출된다. 오래된 페인트에서 나오기도 한다.

엘리자베스 1세는 1603년 3월 24일 69세의 나이로 죽었다. 여왕의 정확한 사망 원인은 베일에 쌓여 있지만, 역사학계의 분석에 따르면 오랫동안 납이 들어간 화장품을 사용해서 중금속 혈액 중독으로 사망했을 가능성이 높다.

엘리자베스 1세 여왕이 죽고 30년이 지나서야 사람들은 납이 독성물질이라는 사실을 알게 되었다. 그러나 이후에도 납·수은·비소 등 독성이 든 중금속을 화장품 재료로 쓰는 일이 비일비재했고 중금속의 위험성을 절실히 깨닫는 데에는 많은 시간이 걸렸다. 아름다움을 위해 지불한 대가가 너무도 컸다고 할까?

가난한 예술가의 병, 결핵
김유정, 이상

약사의 맞춤 처방전

성명	김유정, 이상
출생	1908년 1월 11일, 1910년 8월 20일
사망	1937년 3월 29일, 1937년 4월 17일
주소	조선 경성
직업	소설가, 시인
증상	끊임없이 기침과 가래가 나옴 열이 심하게 나고 피로함 피를 토하고 호흡이 힘겨워짐
진단	결핵
처방 의약품	이소니아지드(isoniazid) 리팜피신(rifampin) 에탐부톨(ethambutol) 피라지나마이드(pyrazinamide)
특이사항	둘도 없는 영혼의 단짝 비운의 천재 작가들

"김형, 안에 계십니까? 나입니다."

1937년 가을. 소설가 김유정의 누추한 방으로 한 사내가 찾아왔다. 그는 동료 문인 이상이었다. 남루한 행색으로 방 안에 들어온 사내는 집주인 앞에서 연신 기침을 해댔다. 김유정과 이상 둘 다 창백한 얼굴에 피로한 기색이 역력했다. 한참 동안 기침을 한 후 핼쑥한 모습으로 이상은 입을 열었다.

"김형, 각혈이 여전하십니까?"

"네, 그저 그날이 그날 같습니다."

그는 비장한 표정으로 한참을 생각하다 김유정에게 말했다.

"김형만 싫지 않다면 나는 오늘 밤에 치러버릴 작정입

니다. 일개 요물에 부상당해 죽는 것이 아니라 27세를 일기로 불우한 천재가 되기 위해 죽는 것입니다."

이상은 김유정에게 동반 자살을 권유했다. 김유정 역시 지금 죽는 것도 나쁘지 않다고 생각했다. 이 추운 방에서 가난하고 아픈 그에게 남은 건 죽음뿐이었다. 하지만 김유정은 절친한 동료의 동반 자살 권유를 거절했다. 아무리 덧없는 삶이라고 하나 스스로 목숨을 끊는다니, 그것은 그가 바라던 것이 아니었다.

그러나 6개월 뒤, 두 소설가는 약속이나 한 듯이 서로 다른 곳에서 20일 간격으로 세상을 떠났다. 그해 5월, 동료 문인들의 도움으로 두 소설가의 합동 추모식이 열렸다. 그렇게 조선 문학계를 휩쓸었던 두 젊은 문인은 나란히 세상을 떠났다. 고등학교 국어 교과서로 공부한 독자라면 두 소설가의 이름을 한 번쯤 들어봤을 것이다. 김유정은 〈봄봄〉, 〈소낙비〉, 〈만무방〉 등의 작품을 썼고 이상은 〈날개〉, 〈오감도〉 등의 작품을 남겼다.

두 문인은 문학 동인회인 '구인회'에서 처음 만나 인연을 쌓았다. 나이도 비슷한 둘은 절친한 친구이자 라이벌이었다. 죽은 시기도 비슷했지만 삶의 궤적 역시 서로 닮아 있었다. 신기하게도 사망 원인도 같았는데 바로 '결핵'이다.

낭만적인 병?

결핵의 별명은 '예술가들의 병'이다. 실제로 결핵은 전 세계의 수많은 시인, 음악가, 작가의 목숨을 앗아갔다. 《오만과 편견》으로 유명한 소설가 제인 오스틴, 피아니스트 프레데리크 쇼팽, 《동물농장》과 《1984》로 유명한 작가 조지 오웰역시 결핵으로 목숨을 잃었다. 결핵이라고 하면 떠오르는또 한 가지는 '병약미'다. 결핵에 걸리면 안색이 창백해지고살이 급속도로 빠졌다. 피부가 하얘지면서 입술과 뺨은 붉게 보였다. 역설적이게도 결핵에 걸린 환자의 모습은 하얗고 마른 몸에 집착하던 당대의 미의식과 일치했다. 그래서과거 유럽에는 요양을 하러 시골로 내려온 병약한 귀족 여성과 시골 남성의 사랑 이야기를 다루는 문학작품이 많았다. 작품 속에서 여성이 앓던 질병이 바로 결핵이었다. 결핵은 낭만적인 질병의 분위기를 풍겼지만, 실상은 그렇지 않았다.

　결핵은 가장 오래된 질병이자 또 가장 많은 인류를 죽인 병이다. 그리고 그 역사는 지금까지 이어지고 있다. 2020년 한 해 동안 결핵은 전 세계 150만 명의 목숨을 앗아갔다. 현재 세계 인구의 4분의 1인 20억 명 정도가 여전히 결핵을 앓고 있으며 매초 한 사람씩 감염되고 있다. 결핵균은 공기를 통해 옮는데 기침이나 가벼운 접촉으로도 감염

될 수 있어서 전파력이 무섭도록 대단하다. 밀폐된 공간에서는 환자 한 명이 열 명에게 결핵균을 옮길 수 있다.

결핵이 무서운 또 다른 이유는 치료가 쉽지 않다는 점이다. 결핵균은 산소를 좋아해서 폐 조직에 사는데, 죽을 위기를 맞으면 포자 형태로 변해서 자신을 보호한다. 그래서 치료제가 몸으로 들어와도 끈질기게 생존한다. 결핵균은 아주 천천히 증식하며 숙주가 약해질 타이밍을 기다린다. 그러다가 숙주가 여러 가지 이유로 몸이 허약해지면 이때다 싶어 영역을 빠르게 넓혀간다. 보통 세균을 치료할 때는 페니실린 같은 광범위 항생제를 처방하지만, 결핵균의 독특한 능력은 광범위 항생제의 효과를 무용지물로 만든다. 결핵균은 잠복기도 길어서 감염되고 죽을 때까지 증상이 나타나지 않을 수도 있고 몇 년이 흘러서 나타나기도 한다.

결핵에 걸리면 주로 겪는 증상은 끊임없는 기침과 가래다. 그래서 어떤 환자는 결핵을 단순한 감기로 착각하고 병을 방치해서 키우기도 한다. 어느 순간 온몸이 펄펄 끓고 피로해진다. 보통은 병이 어느 정도 진행된 상태에서 증상이 나타나기에 과거에는 결핵을 치료하기가 무척 어려웠다. 환자는 피를 토하면서 호흡을 힘겨워하다 사망하기 일쑤였다.

결핵은 결핵균이 일으키는 질병이지만 증상을 악화시키는 가장 큰 요인은 바로 '가난'이다. 결핵균은 위생 상태가 좋고 면역계가 튼튼하면 쉽게 힘을 발휘하지 못한다. 설령 발병이 되었다 해도 충분한 휴식과 영양 섭취, 약물 치료가 이루어진다면 나을 수 있다. 그래서 선진국보다 가난한 국가와 빈곤층이 결핵을 많이 앓는다. 세계보건기구의 조사에 따르면 현재 결핵 발병과 이로 인한 사망 사례의 95%는 가난한 개발도상국에서 보고된다. 일제강점기에 두 문인이 결핵에 걸린 이유 역시 가난이었다.

소설가의 운명

"나는 날로 몸이 꺼진다. 이제는 자리에서 일어나기조차 자유롭지 못하다. 탐정소설을 번역해서 보낼 테니 주선하여 돈을 만들어주면 그 돈으로 닭 서른 마리를 고아 먹고, 땅꾼을 사서 살모사와 구렁이를 열 마리 달여 먹겠다."

김유정이 사망하기 열흘 전 동료 소설가 안회남에게 보낸 편지다. 제대로 먹지 못해서 몸이 약해졌으니 글을 써서 번 돈으로 구렁이와 닭을 실컷 먹고 싶다는 내용이 담겨 있다. 그의 편지에는 병마와 싸우던 와중에도 비참한 삶을 웃어넘기고자 하는 해학이 진하게 묻어난다. 그리고 그가 얼마나 가난에 시달려왔는지도 알 수 있다.

김유정은 흔히 말하는 '비운의 천재 작가'였다. 스물한 살에 연희전문학교에 입학하지만 배울 것이 없다고 느껴 자퇴했다. 그 후 본격적으로 글을 쓰기 시작하는데 스물일곱에 신춘문예 수상자에 이름을 올리며 주목을 받았다. 스물아홉에 결핵으로 사망했기에 소설가로서의 그의 삶은 고작 2년밖에 되지 않는다. 그러나 놀랍게도 그는 그 짧은 기간 동안 소설 서른 편과 수필 열두 편을 썼다. 그가 다작한 것은 탁월한 재능 덕분이기도 했지만, 돈을 벌기 위해 글을 써야만 하는 상황의 탓도 컸다. 어린 나이에 어머니와 아버지가 세상을 떠나고 형이 남은 가산을 탕진하면서 김유정은 평생 가난의 굴레에서 빠져나올 수 없었다. 글쟁이로 버는 수입으로는 비싼 약값과 생활비를 충당하기 어려웠다. 그는 둘째 누나의 집에 얹혀 살았는데, 누나는 하루 종일 글만 쓰는 김유정을 타박했다.

"요즘 같은 시대에 글이나 쓰고 있으면 밥이 나오냐, 쌀이 나오냐? 그러지 말고 얼른 취직이나 해!"

그러나 일제의 치하에서 핍박받는 일개 조선인 글쟁이가 변변한 직업을 구하기는 쉽지 않았다. 계속해서 글을 쓰며 소설가로서 이름을 날리고 싶었던 김유정은 시대의 어두운 그림자와 가난한 자신의 처지에 한탄하며 외쳤다.

"운명! 나를 꽉 누르고 어찌할 수 없게 하는 그림자!"

그 후 그는 1934년 문학 동인회 구인회에 가입하고 그곳에서 영혼의 단짝을 만나게 되었다. 그가 바로 시인이자 소설가 이상이었다.

박제가 되어버린 천재

"박제가 되어버린 천재를 아시오?"

소설가 이상의 소설 〈날개〉의 첫 문장은 작가 자신을 가리키는 말이기도 하다. 어린 시절 삼촌 집으로 입양된 이상은 엄격한 유교식 가정교육을 받으며 자랐다. 그는 어려서부터 그림과 글쓰기에 재능을 타고났지만 '환쟁이는 굶어 죽기 십상이다'는 삼촌의 반대 때문에 경성고등학교 건축과를 졸업하고 조선총독부의 건축기사로 일했다. 건축 일을 하면서도 틈틈이 글을 쓰던 이상은 1930년 《이상한 가역반응》, 《파편의 경치》 등의 시집을 내며 이름을 알렸다. 그러나 문학 활동과 건축기사라는 두 가지 일을 동시에 하려니 몸에 무리가 컸다. 어느 날 그는 공사 현장에서 피를 토하며 쓰러졌다. 병원으로 실려 온 그에게 의사는 청천벽력 같은 '폐결핵' 선고를 내렸다. 그 많은 병원비와 약값을 어떻게 낸단 말인가? 가난한 그에게 폐결핵은 사형선고와 같았다.

'그래, 어차피 죽는 인생, 쓰고 싶은 글이라도 실컷 쓰고 죽자.'

폐결핵 진단을 받은 그는 주저 없이 건축기사 일을 그만두고 집필에 전념했다. 그러나 건축기사 일로 얻는 수입이 사라지자 그의 주머니 사정은 급격히 나빠지기 시작했다. 생계를 위해 종로1가에 다방 '제비'를 차리고 기생 금홍과 동거하지만, 다방은 망하고 시큰둥해진 금홍은 그의 곁을 떠났다. 돈은 못 벌고, 병들어 몸조차 제대로 못 가누며 무기력함의 끝을 본 그는 이후 금홍과의 동거 경험을 바탕으로 소설 〈날개〉를 썼다. 그 후 구인회에 가입해 자신과 같은 병을 앓던 또래 소설가 김유정을 알게 되고 둘은 돈독한 친구 사이가 되었다.

이상은 김유정과 동반 자살을 하려 했으나 김유정은 이를 거절했다. 그 뒤 이상은 새 출발을 위해 일본 도쿄로 떠나고, 김유정은 요양을 위해 경기도 광주에 있는 누이의 집으로 내려가며 두 친구는 다른 길을 가게 되었다.

인류의 시작과 함께한 결핵

결핵은 얼마나 오래된 질병일까? 프랑스 국립 자연사박물관의 티에리 비르트Thierry Wirth 박사팀이 지구에 존재하는 결핵균 5,000개의 DNA를 분석한 결과 결핵균의 공통 조상은 약 1만 년 전 메소포타미아와 나일강 지역에서 처음 등장했다고 한다. 1만 년 전은 인간이 수렵 대신 농경 생활을 하며 부족을 이루고 살아가기 시작한 무렵이니, 결핵은 인류 역사의 본격적인 시작과 함께한 셈이다. 그렇게 인류

이상이 그린 자화상. 이상은 결핵으로
아프고 궁핍한 생활을 이어가며 글을 썼다.
종로에 다방을 차려 기생 금홍과
동거하지만, 다방은 잘되지 않았고 금홍도
그의 곁을 떠났다. 소설 〈날개〉는 그 경험을
바탕으로 쓴 소설이다.

와 공존하며 수많은 사상자를 내었지만 정작 결핵균의 정체는 시간이 한참 흐른 1882년, 독일의 미생물학자 로베르트 코흐Robert Koch에 의해 밝혀졌다. 그리고 치료제는 그보다 50년이 더 지난 1937년에서야 등장했다.

그전까지 결핵을 낫게 하는 데는 특별한 방법이 없었다. 생선 기름과 식초 마사지, 테레빈유 흡입 같은 특이한 치료법들이 동원되었지만 사실상 효과는 없었다. 중세 시대 때는 신성한 힘이 결핵을 치료한다고 생각했다. 그래서 수많은 결핵 환자가 안수 의식을 받기 위해 교회로 몰려들었으나 병이 더 전파되는 결과만 낳았다. 그나마 효과적인 치료법은 적절한 휴식, 맑은 공기를 마시는 요양 정도였다.

결핵은 가난한 노동자들이 모여 지내던 공장 지대에서 주로 발생했기에 사람들은 공장 매연이 결핵의 원인이라고 생각했다. 그래서 시골로 요양을 떠나는 것이 치료법으로 유행하기도 했다. 그러다가 1937년 미국의 미생물학자 셀먼 왁스먼Selman Waksman 박사가 흙 속에 사는 방선균이 결핵균을 죽인다는 사실을 발견했다. 그리고 이 방선균에서 결핵균을 물리치는 물질을 추출해 스트렙토마이신streptomycin이라는 항생제를 개발했다. 그는 이 공로로 노벨상을 받았다.

우리나라에도 결핵 환자가 많다. 특히 가난했던 일제강점기와 한국전쟁 전후로 환자 수가 크게 늘었다. 결핵의 상흔이 너무도 컸던 탓일까? 우리나라는 선진국의 반열에 올랐음에도 25년간 OECD 국가 중 결핵 발병률 1위라는 불명예를 안고 있다. 지금도 한국에서는 매일 예순다섯 명의 결핵 환자가 나오고 있으며 다섯 명이 목숨을 잃는다.

획기적인 결핵 치료제

결핵은 치료하기 까다로운 병이다. 그 까다로움에는 복잡한 약 복용법도 한몫한다. 결핵균의 움직임은 다른 세균과는 달라서 여러 가지 약을 한꺼번에 먹어야 한다. 이전에는 환자가 열 가지나 넘는 알약을 삼켜야 했다. 오늘날에는 훨씬 간소해져서 네 가지 약제를 사용한다. 이소니아지드isoniazid, 리팜피신rifampin, 에탐부톨ethambutol, 피라지나마이드pyrazinamide가 그것이다. 보통 6개월 동안 꾸준히 약을 먹어야 한다. 첫 2개월까지는 네 가지 약을 복용하고 이후 4개월은 두 가지 약을 먹는다.

일반 감기와 비교하면 결핵 치료제 복용은 여전히 불편하다. 약의 성분 때문에 소변과 땀이 주황색으로 나오기도 하고 간독성과 위장장애, 시력장애 같은 부작용도 생길 수 있다. 그러나 이 효과적인 약 덕분에 2000년부터 2020년 사이 6,600만 명의 생명을 구했다.

다행히 결핵을 예방하는 백신도 개발되어 인류는 결핵

정복에 한 걸음 더 다가갔다. 결핵을 예방하는 BCG^{Bacullus} Calmette-Guerin 백신은 1920년부터 지금까지 결핵 백신으로 사용되고 있다. 우리나라에서는 영유아의 결핵 감염 예방을 위해 백신 접종을 무료료 지원한다. 생후 4주 이내 모든 신생아에게 가급적 빨리 접종한다.

그러나 인류의 저항만큼이나 결핵균의 반격도 만만치 않다. 세균을 죽이는 항생제를 무분별하게 사용한 탓에 항생제에 내성을 가진 결핵균이 나타난 것이다. 이를 '다제내성 결핵균'이라고 한다. 이 결핵균은 일반 결핵약으로 죽일 수 없다. 약을 더 많이 써야 하고 치료 기간은 2년이나 되며 치료 성공률도 70%밖에 되지 않는다. 인류와 결핵균의 전쟁은 아직 끝나지 않았다.

한 번만 더 날아 보자꾸나

> 날개야 다시 돋아라
> 날자 날자 날자 한 번만 더 날자꾸나
> 한 번만 더 날아 보자꾸나
> **이상, <날개> 중**

김유정과 이상은 삶도 비슷하지만, 작품의 주제와 분위

기에도 공통점이 많다.

　김유정은 소설 〈봄봄〉으로 시골 정서를 잘 표현하는 작가로 잘 알려져 있지만, 말년에는 주로 가난한 도시인에 대한 이야기를 썼다. 도시에 사는 가난한 노동자들의 삶을 풍자와 해학으로 풀어냈다.

　이상의 작품에서도 도시에서 가난하게 살아가는 주인공이 등장한다. 그의 소설 〈날개〉 속 주인공은 이상 자신을 모델로 한 인물이다. 주인공은 매춘을 하는 아내에게 용돈을 받고 밥을 얻어먹으며 산다. 아내가 몸을 파는 동안에는 윗방에서 쥐 죽은 듯이 지낸다. 아내의 매춘을 묵인하는 삶을 이어가는 것이다. 이 소설에서 이상은 살기 위해서 이성적인 삶마저 포기해야 하는 일제강점기의 슬픈 현실을 덤덤한 문체로 표현한다. 주인공이 미쓰코시백화점 옥상에서 '날고 싶다'라는 바람을 외치는 장면으로 소설은 끝난다. 허망하기도 하고 쓸쓸함이 느껴지는 결말이다. 두 작가의 작품은 위트와 모순이 가득하지만, 가난하고 어두운 현실에 대한 쓸쓸한 뒷맛 또한 남긴다. 풍자와 해학은 일제강점기에 검열을 피하는 수단이기도 했다. 웃음 뒤에 느껴지는 쓸쓸함과 애틋함은 새로운 장르가 되었다.

　만약 두 작가가 살아 있을 때 결핵약이 등장했다면 어땠을까? 동반 자살 같은 슬픈 생각은 하지 않고 문학을 향한 열정을 더 오랫동안 불태울 수 있지 않았을까? 절친한 친구 사이였던 두 문인은 아마 다양한 영감을 서로 주고받으며 더 많은 문학작품을 우리에게 남길 수 있지 않았을까?

1945년 블라디미르 레닌은 스탈린을 이어 러시아에서 실권을 장악했다. 이후 러시아에서는 '만인이 평등하다'는 사회주의 이념을 실현하기 위해 국가 단위의 거대한 실험을 진행했다. 그들은 소비에트 사회주의 공화국 연방, 이른바 소련을 창설하고 신분계급을 없앴다. 그리고 모든 부와 재산을 국가에 귀속하고 민중에게 나누어주었다. 그러나 겉으로만 완벽한 국가였고 안으로는 민중에 대한 무자비한 탄압과 숙청이 자행되고 있었다. 혁명이라는 이름 아래 200만 명의 사람들이 목숨을 잃었다. 이것을 지켜본 한 작가는 펜을 꺼내 들고 글을 쓰기 시작했다. 그가 바로 영국의 작가 조지 오웰이다.

조지 오웰은 당시 소련에서 일어난 혁명과 희생당하는 민중의 모습을 우화로 표현했다. 이 작품의 이름은 〈동물농장〉이었다. 농장주를 내쫓고 혁명을 주도한 늙은 돼지 '대령'은 공산주의 이론을 설파한 칼 마르크스를, 뒤이어 농장의 실세를 장악한 돼지 '나폴레옹'은 스탈린을, 그들을 믿고 따르지만 끝내 죽음을 맞이한 말 '복서'는 소비에트 민중을 상징했다. 소련의 실패한 사회주의를 신랄하게 비판한 이 책으로 그는 전 세계적인 스타 작가가 되었다.

오웰은 부와 명성을 얻었지만 어렸을 때부터 앓았던

지병인 결핵은 더 심해졌다. 그래서 그는 영국의 병원에서 오랜 요양 생활을 하게 되었다. 당시 마땅한 치료제가 없었던 결핵은 죽을병이었다. 그나마 할 수 있는 일이라고는 요양원에 들어가서 맑은 공기를 마시며 지내는 것뿐이었다. 그런데 그는 투병 중에도 집필을 멈추지 않았다. 전체주의가 지배하는 미래 세상을 배경으로 하는 소설을 쓰고 싶었다. 결핵을 앓으며 토한 피가 종이 위로 떨어지자 그는 이 원고를 '피 묻은 원고'라 불렀다. 그리고 투병 기간에 완성된 원고는 그의 유작이자 또 다른 명작이 되었다. '빅 브라더'라는 인물이 국민의 일거수일투족을 감시하며 국민에게 생각과 신념을 주입하고 감정마저 통제하는 가상의 국가 '오세아니아'가 등장하는 소설이었다. 그는 이 소설의 제목을 그가 집필을 완성한 1948년의 순서만 바꿔서 《1984》로 이름 지었다.

결핵이 점차 심해지던 와중에 다행히도 바다 건너 미국에서는 스트렙토마이신이라는 항생제가 개발되었다. 이 약은 보통의 항생제들과는 다르게 결핵균을 효과적으로 죽일 수 있었다. 많은 영국인이 이 약을 원했다. 하지만 2차 세계대전의 여파로 경제가 급격히 나빠진 영국에서는 신약을 구하기 어려웠다. 하지만 오웰은 운이 좋았다. 〈동물농장〉 출판으로 벌어들였던 막대한 부와 인맥을 통해 스트렙토마이신을 구할 수 있었다.

'기적의 신약'을 복용하자 오웰의 결핵 증상이 눈에 띄게 좋아졌다. 가빴던 기침이 줄어들었고 혈색도 조금씩 돌아왔다. 하지만 얼마 되지 않아 부작용이 나타났다. 그가 스트렙토마이신 약물에 알레르기 반응을 보인 것이다. 결국 그는 치료를 시작한 지 50일 만에 약물 사용을 중단할 수밖에 없었다. 오웰은 자신을 돌보던 의사의 가족이 결핵을 앓고 있다는 사실을 듣고 남은 약을 그들에게 나누어주었다. 그리고 1950년 1월 21일 사망했다. 만약 그가 스트렙토마이신에 약물 알레르기가 없었고, 계속해서 치료를 받았다면 어땠을까? 아마 그는 살아남아 더 많은 문학적 유산을 우리에게 남겨주었을지도 모르겠다.

참고 자료

도서

- 간호윤 지음, 《연암 박지원 소설집》, 새물결플러스, 2016
- 강영민 지음, 《조선왕들의 생로병사》, BF북스, 2012
- 박영규 지음, 《메디컬 조선》, 김영사, 2021
- 신병주 지음, 《우리 역사 속 전염병》, 매일경제신문사, 2022
- 이상곤 지음, 《낮은 한의학》, 사이언스북스, 2011
- 이순신 지음, 노승석 옮김, 《교감완역 난중일기》, 여해, 2019
- 정승호, 김수진 지음, 《조선의 왕은 어떻게 죽었을까》, 인물과사상사, 2021

논문

- 나승학(2017) "임진왜란기 조선 수군 진영 전염병의 발생 실태와 영향", 〈군사연구〉 제144호, 육군군사연구소, pp.57-81
- 백선례(2011), "1919·20년 식민지 조선의 콜레라 방역활동 - 방역당국과 조선인의 대응을 중심으로", 〈사학연구〉 제101호, 한국사학회, pp.205-240
- 옥성득(2020), "전염병과 초기 한국 개신교, 1885-1919", 〈종교문화학보〉 제17권 제2호, 전남대학교 종교문화연구소, pp.1-36
- Bruce C. V. Campbell, Atte Meretoja, Geoffrey A. Donnan, Stephen M Davis(2015), "Twenty-Year History of the Evolution of Stroke Thrombolysis With Intravenous Alteplase to Reduce Long-Term Disability", Stroke Vol. 46, Issue 8, Lippincott Williams and Wilkins, pp.2341-2346

- Ewen Callaway(2015), "Tuberculosis genomes track human history", Nature, 19.1.2015, Nature Portfolio
- Robert H. Sorensen, G. Strider Farnsworth, Jared E. Roberts, David R. Welling, Norman M. Rich(2014), "President Reagan's life saving colectomy and subsequent historical implications", Military Medicine Vol. 179 Issue 7, Association of Military Surgeons of the U.S., pp.704-707
- S. Sherry(1989), "The origin of thrombolytic therapy", Journal of the American College of Cardiology Vol. 14, Issue 4, American College of Cardiology, pp.1085-1092
- Simona LUCA, Traian MIHAESCUa(2013), "History of BCG Vaccine", Maedica(Bucur) Vol. 8, Issue 1, Magister and Empire Publishing, pp.53-58

기사

- "[강직성척추염의 날] 꾸준히 증가하는 환자, 보다 넓은 치료 옵션 필요", 의학신문, 2021.5.7
- "[세종실록과 왕실의학] 〈43〉 조선의 군사의학과 금창金瘡 치료법", 시장경제, 2018.7.23
- "세계 매출 1위, 자가면역질환 치료제 '휴미라'를 말하다", 팜이데일리, 2021.12.18
- "인체의 기둥 '척추'…건강 균형 '반듯이' 잡자", 인천일보, 2016.6.28
- "종기로 세상 등지며 역사 흐름 바꿔", 신동아, 2014.3.19
- "한국인 대장암 발병률 세계 1위…40대 이상 '대장내시경' 필수", 의학신문, 2021.9.8

- "A comprehensive history of cancer treatment", Raconteur, 2015.6.4
- "DISEASE IN THE TRENCHES", The Biomedical Scientist, 2018.3.26

보고서

- 건강보험심사평가원(2022), "최근 5년(2017~2021년) 우울증과 불안장애 진료현황 분석"

웹사이트

- 런던과학박물관 공식블로그 blog.sciencemuseum.org.uk
- 몬티첼로 www.monticello.org
- 서울대학교병원 n의학정보 www.snuh.org/health/nMedInfo/nList.do

사진 출처

- 18쪽 Hangidan / commons.wikimedia.org
- 28쪽 문화재청 / www.heritage.go.kr
- 39쪽 문화재청 / www.heritage.go.kr
- 47쪽 Daderot / commons.wikimedia.org
- 64쪽 문화재청/ www.heritage.go.kr
- 78쪽 Natthawut Utsawachaichot / shutterstock.com

- 102쪽 Yoonj / commons.wikimedia.org
- 116쪽 국립중앙박물관 / www.museum.go.kr
- 123쪽 국립중앙박물관 / www.museum.go.kr
- 127쪽 문화재청 / www.heritage.go.kr
- 138쪽 문화재청 / www.heritage.go.kr
- 145쪽 Marek Mierzejewski / shutterstock.com
- 158쪽 Asfreeas / commons.wikimedia.org
- 163쪽 문화재청 / www.heritage.go.kr
- 169쪽 문화재청 / www.heritage.go.kr
- 181쪽 문화재청 / www.heritage.go.kr
- 188쪽 Donald Trung Quoc Don / commons.wikimedia.org

다른 포스트

뉴스레터 구독신청

앓아누운 한국사
요통부터 번아웃까지 병치레로 읽는

초판 1쇄 2023년 4월 7일

지은이 송은호

펴낸이 김한청
기획편집 원경은 차언조 양희우 유자영 김병수 장주희
마케팅 현승원
디자인 이성아 박다애
운영 최원준 설채린

펴낸곳 도서출판 다른
출판등록 2004년 9월 2일 제2013-000194호
주소 서울시 마포구 양화로 64 서교제일빌딩 902호
전화 02-3143-6478 **팩스** 02-3143-6479 **이메일** khc15968@hanmail.net
블로그 blog.naver.com/darun_pub **인스타그램** @darunpublishers

ISBN 979-11-5633-536-8 03910

다른 생각이
다른 세상을 만듭니다